CÓMO OBTENER SIEMPRE LO QUE QUIERES

Desbloquea los Secretos del Comportamiento
Humano y a Protégete de la Manipulación. 2
Libros en 1 - Secretos de la Psicología Oscura,
Cómo Dominar el Arte de la Negociación

ALEX FISCHER
SHAUN AGUILAR

Índice

Secretos de la Psicología Oscura

Cómo Dominar el Arte de la Negociación

Secretos de la Psicología Oscura

Cómo Dominar la Persuasión, el Control Mental y la Manipulación para Protegerte de Engaños Comúnmente Usados en Mentes Débiles

Índice

Introducción

En años recientes, la psicología ha intentado avivar el espíritu humano con muchos términos psicológicos populares como psicología positiva o con la gran cantidad de libros publicados que les dicen a las personas como comportarse para llevar una vida exitosa y satisfactoria al hablar de precauciones, diez pasos para hacer algo, los tan conocidos títulos "cómo hacer tal cosa" y muchos más. La mayoría son consejos de psicología popular sin las bases adecuadas o es una moda del momento. Una llega a preguntarse si la vida puede ser tan fácil como leer el libro indicado y seguir algunos conceptos básicos para que todo esté bien para ti y para mí. Pero este libro es diferente, ya que aquí exploramos el lado oscuro de la mente humana para poder defendernos de aquellos que nos quieren manipular. La parte oscura de la mente es aquella que ve el desapego emocional, la destrucción y los actos malvados como algo cotidiano de la psique humana que emerge en todos nosotros de vez en cuando. Puede ser cierto que todos tengamos esos sentimientos de vez en cuando, pero no por eso los manifestamos. Aquellas personas que sí dejan salir su lado oscuro sienten emoción, alegría y placer en la parte disfuncional de su existencia. ¿Cómo puede la sociedad convivir con este lado oscuro y salir adelante sin dejarse manipular o sucumbir a esa misma oscuridad?

En este libro hablaremos de las distintas maneras de manipulación que existen hoy en día, explicando desde lo más básico que son las relaciones tóxicas, hasta lo más grande que es la manipulación política y económica. Descubrirás que hay muchas maneras de manipular y controlar a las personas, algunas más obvias que otras. También hablaremos de la hipnosis, la buena y la mala, una forma de influenciar la mente que puede servir como entretenimiento o que puede ser una herramienta para ayudarte a superar algo en tu vida. Por supuesto, todas estas técnicas de manipulación dependen de que el sujeto sea ignorante al respecto para ser influenciable o de que el sujeto acepte el cambio sugerido para poder ser manipulado. En general, este libro intenta sacarte de la ignorancia para que puedas enfrentarte a cualquier forma de manipulación con las herramientas adecuadas.

1

¿Qué es la psicología oscura?

LA PSICOLOGÍA oscura en el estudio del comportamiento criminal y desviado de lo normal y una estructura conceptual para descifrar la maldad potencial dentro de los seres humanos.

La psicología oscura es el estudio de la condición humana cuando se relaciona con la naturaleza psicológica de las personas que atacan a otros motivados por impulsos criminales o pervertidos que no tienen un propósito y que no siguen las suposiciones generales de los impulsos instintivos y de la teoría de las ciencias sociales.

Toda la humanidad tiene el potencial de victimista otros humanos y seres vivos.

. . .

Mientras que muchos nos contenemos o sublimamos esta tendencia, otras personas siguen estos impulsos.

Con este libro, la intención es que aprendas a identificar todas esas conductas que te pueden hacer daño y que así puedas actuar en contra de ellas, ya sea que tú mismo quieras actuar así o que alguien más te intente manipular.

La psicología oscura trata de entender estos pensamientos, sentimientos, percepciones y sistemas de procesamiento subjetivo que llevan a la conducta depredadora que es antitética al entendimiento contemporáneo del comportamiento humano. La psicología oscura asume que el 99% de las conductas criminales, desviadas y abusivas tienen un propósito y una orientación algo racional motivada por un objetivo. Significa que todas las personas que actúan de esta manera tienen un objetivo que probablemente te afectará hasta cierto punto.

El 1% restante, parte de la teoría de Adlerian y de la perspectiva teleológica. La psicología oscura propone que hay una región dentro de la psique humana que permite a algunas personas cometer actos atroces sin un propósito. En esta teoría, se le ha llamado "singularidad oscura".

· · ·

Primero, vamos a examinar cómo podemos identificar el lado oscuro del pensamiento y comportamiento psicológico. Necesitamos unas medidas para establecer qué es normal y qué se considera un comportamiento anormal.

Nuestra primera medida son las normas sociales; esto significa el comportamiento diario que se considera normal en una sociedad dadas ciertas circunstancias que confrontan nuestra percepción. Por ejemplo, en la cultura occidental, golpear a otra persona de forma violenta es considerado un acto criminal y que eres repulsivo para una sociedad pacífica.

Sin embargo, se permite la violencia cuando la persona tiene permiso social como en el caso de un soldado en actos de guerra, un policía en el acto de aprehender a un criminal peligroso, un ciudadano defendiendo a su familia de una amenaza peligrosa de otra persona. Estos estándares dobles pueden ser malinterpretados de muchas maneras: un soldado que comete crímenes de guerra como el genocidio, un policía que usa violencia para intimidar a un testigo mientras lo interroga o un ciudadano que viola los derechos de otra persona para lograr mejorar su propia posición de alguna manera.

. . .

La segunda medida es moral. ¿Cómo decidimos como sociedad qué es lo correcto y lo incorrecto?, ¿quién tiene el poder de decidir estos derechos?, ¿las leyes siguen unas convicciones morales o se vuelven una protección de los débiles en contra de los fuertes o del rico en contra del pobre?

La mayoría de las sociedades están de acuerdo en que matar a otro ser humano está en contra del código moral.

Simplemente está mal asesinar y debe ser castigado con un acto de severidad equivalente por la sociedad que apoya la postura moral y legal impuesta a las masas por sus creadores de leyes. Para la mayoría de las sociedades, éste ha sido un código religioso de conducta como los diez mandamientos de la fe cristiana y otros códigos como el budismo y el Corán musulmán.

La fe en la recompensa divina y en el castigo están reflejados en el lenguaje legal y en las leyes que son la base de cualquier nación civilizada de personas.

Al haber aceptado estas reglas, hay algunas personas que están listas y dispuestas para desviarse de estas leyes, principios morales y lineamientos religiosos que nos permiten a todos vivir en una sociedad pacífica gobernada por principios de comportamiento ya acordados que protegen a los individuos del peligro, el abuso y el daño.

La tercera área de comportamiento no está establecida en las leyes o en los conceptos religiosos, sino en aquellos conjuntos de comportamientos diarios que podríamos llamar "modales" o "ser educado". La conducta o la forma de actuar que conforma desde el comportamiento aceptado de un miembro superior de la sociedad que sabe cómo comportarse en compañía de otras personas hasta el conjunto de estándares que son considerados como la evidencia de una civilización avanzada. Esto a veces se puede ver en la etiqueta de los modales en la mesa o cuando un hombre abre la puerta para una mujer y permitir que ella pase primero, reconocer el deber de un hombre para proteger y defender a una mujer. En la actualidad, en algunas culturas, los derechos de las mujeres se han puesto en duda por los comportamientos hacia las mujeres que pueden ser sexistas y, por lo tanto, es insultante para la independencia de la mujer. Aun así, los modales son el signo de ser bien educado y de los niveles altos de la sociedad, ya sea la caballerosidad inglesa o la ceremonia de té japonesa.

Después de haber diferenciado las sociedades con sus diferentes maneras de medir el comportamiento, ya sea por medio de leyes, códigos morales o normas socialmente aceptables, los humanos todavía logran una gran cantidad de conductas disfuncionales que suelen impactar e influenciar a otras personas hasta el punto en el que los perpetradores de estos comportamientos se ven a sí mismos como fuera de la ley, de los códigos morales y de la etiqueta del resto de la sociedad. A veces, por medio del sentimiento de culpa, todos reconocemos cuando hemos traspasado esas reglas que consideramos esenciales para una civilización bien ordenada. Sin embargo, existen aquellas personas que no sienten nada cuando se les confronta por haber usado la violencia, por haber destruido o por matar a otros porque dicen que es su derecho vivir sin esas reglas y que tienen la libertad de vivir una vida que está determinada por nada más que sus deseos de poseer y destruir.

El lado oscuro

¿Qué es lo que siente un hombre al patear un perro porque está frustrado con la sociedad que condena su existencia? ¿Cuáles son las emociones que esta persona siente en ese momento cuando el perro llora y aúlla de dolor y miedo? ¿Por qué sonríe y desea seguir lastimando al perro y disfruta de ver a un animal en sufrimiento?

· · ·

Los testigos se sienten indignados por este comportamiento y sienten simpatía por el perro indefenso que este hombre ha elegido tratar cruelmente y sin remordimiento.

¿Quién es este hombre? Bueno, él podría ser cualquiera de nosotros en ciertas ocasiones. Todos perdemos nuestro sentido de calma psicológica y pensamientos racionales cuando lidiamos con la injusticia de la vida o la falta de oportunidades, aunque no por eso actuamos de la misma manera. Por otra parte, podemos pensar que este hombre es millonario, tiene satisfechas todas sus necesidades, y aun así siente un gran placer al patear y mirar cómo sufre el perro por sus actos. Tiene una sensación de poder en esta habilidad para infringir dolor y le complace sentirse superior a otros humanos inferiores, a quienes él considera incapaces de tomar lo que quieren, por lo que terminan siendo sus empleados y sirvientes. Sarmiento o de superioridad posicional lleva a la falta de simpatía por empatía por otras personas o seres vivos, a quienes considera unos tontos por aceptar la dominación de este tipo de líderes y creadores de leyes.

El ejemplo anterior rompe con nuestras tres medidas de normas sociales, leyes (lastimar a animales indefensos), normas morales (el tabú de un comportamiento o sin sentido que se considera como una ofensa) y comportamiento socialmente aceptable (mientras todos podrían perder la cultura y patear al perro la mayoría sentiría punzadas de culpa y remordimiento). En este caso, no obstante, nos encontramos con personas que no sienten culpa, no sienten remordimiento y se consideran a ellos mismos una excepción a las reglas con las que no están de acuerdo. Por ejemplo, en Inglaterra, la caza de zorros era un deporte cruel practicado en su mayoría por hombres y mujeres inteligentes, profesionales y adinerados. Aún así, estás menos personas se reclamaban su derecho a cazar y a destruir un animal indefenso simplemente por pasar un buen rato al ver que sus perros de cacería destrozaran y devoraran al zorro. Aunque la mayoría de las personas inglesas votaron en muchas ocasiones para prohibir este deporte, pasaron unos cuantos años de protestas y campañas para que se volviera una ley.

Hoy en día, la caza de zorros es una actividad ilegal, sin embargo, estas mismas personas continúan infringiendo la ley y cazando bajo estatutos locales que todavía no se ponen al día con la legalización nacional. Estas personas saben que lo que hacen es ilegal, inmoral y va en contra de las normas sociales definidas por la opinión de la mayoría. Aun así, se dicen ser una parte superior de la sociedad y, por lo tanto, están por sobre las preocupaciones morales del día a día de las masas ordinarias.

· · ·

Lo más sorprendente es que, en Inglaterra, estas personas son miembros del parlamento, policías, jueces y otras personas que controlan aspectos de la sociedad en Inglaterra como los propietarios de terrenos (tierra que les fue dada en el pasado por permiso real al quitarles a los pobres sus tierras legítimas). En otras palabras, las mismas personas que deberían establecer un ejemplo para la sociedad son las mismas que infringen las leyes y el comportamiento socialmente aceptable.

En otro ejemplo, tenemos que mirar al criminal. Los criminales suelen ser considerados como los rechazados por la sociedad ya que vienen de contextos defectuosos, de familias desafortunadas y de una educación parental muy mala. No obstante, en la sociedad, el daño más grande que se hace al público suele ser por parte del crimen corporativo como la malversación de los fondos para pensionados, las acciones, el intercambio interno de utilidades y el robo de activos y riquezas realizados por los dueños de las empresas y oficiales de gobierno. Estos delitos, llamados de cuello blanco, no suelen ser detectados y es el más difícil de llevar ante la justicia. Todos los días los criminales son más visibles al público ya que sus crímenes causan problemas localizados y hacen que los medios supliquen por acción policiaca y de las autoridades civiles.

· · ·

Por lo tanto, la mayoría de las leyes son acerca de los crímenes visuales que son fáciles de entender y comprender.

El castigo para el crimen visible también es directo y se maneja todos los días dentro de las cortes y de los medios de comunicación.

¿Cómo distinguimos entre los dos tipos de criminales, entre el tan llamado crimen sin víctimas de los criminales de cuello blanco que no ven víctimas inmediatas, o el asesino que durante un robo a mano armada mató y lastimó a aquellas personas que se opusieron a su voluntad de robar lo que quiere de la sociedad? ¿Qué hay del caos que dejaron a su paso?

Ahora nos preguntamos qué es lo que la psicología tiene que decir sobre los desviados y pervertidos que no ven que sus acciones son un problema para ellos mismos y sienten que los otros no controlan sus vidas porque son débiles y, por lo tanto, merecen ser las víctimas de aquellos que son más inteligentes, fuertes y más poderosos. Los medios suelen hablar sobre las masas pasivas que aceptan el status quo y, en el mismo tono, condenan a la persona local que hizo justicia con sus propias manos tal vez para vengar algún daño que le hicieron a él o a su familia.

La primera área que la psicología expone explora las razones detrás de este comportamiento oscuro de otras personas es el desarrollo, que el crecimiento y educación es un camino para este comportamiento, que la persona que patea perros no fue amada o cuidada de la manera correcta. Que los mismos transgresores fueron víctimas del acoso escolar y que, por lo tanto, necesitan actuar para dejar salir su frustración en aquellos que en la sociedad son más débiles que ellos mismos. La pregunta que debemos realizar aquí es: ¿Por qué algunas víctimas, de hecho la mayoría, terminan siendo ciudadanos que burlan las leyes y que sólo unos cuantos pocos se vuelven los monstruos que tienen que matar y lastimar por razones de errores de desarrollo?

En este punto, muchos científicos han gustan de mencionar un factor genético en el comportamiento. Esta vieja explicación ya ha existido por un tiempo. Existe evidencia entre criminales violentos que suelen poseer un cromosoma Y (masculino) adicional que le da una mayor cantidad de testosterona y eso los hace reaccionar en situaciones frustrantes en las que usan el miedo y el terror como herramienta para conseguir lo que quieren. No obstante, ya que es un porcentaje de criminales violentos, es estadísticamente menor, aunque en la población general de la prisión esto puede ser mayor.

. . .

Toda la información genética hasta ahora lleva a la especulación sobre factores genéticos, pero no hay evidencias firmes que respalden este hecho. La evidencia que suele citarse es aquella de dos estudios iguales en el que los gemelos fueron separados al nacer tienen incidencias de comportamientos y reacciones similares. Una vez más, conforme al porcentaje de gemelos nacidos y estudiados, la evidencia es débil para el determinismo genético y es alto para el desarrollo ambiental que suele ser muy similar. También hay gemelos que experimentaron entornos que son tan similares que es más probable que fuera una sorpresa si resultaban completamente diferentes uno del otro.

Así que, si quitamos los resultados del desarrollo y la predisposición genética, entonces, ¿Qué es lo que hace que unas personas tengan un comportamiento socialmente aceptado y que otros cumplan con todas las demandas sociales que se les piden? Entonces, esta es la perspectiva propuesta que hace difícil para la psicología ver siempre el lado positivo o verlo de la manera determinística; y que tal vez es posible que ser cruel, traicionero, violento y tener una tendencia al comportamiento criminal sea un comportamiento normal entre los humanos bajo ciertas circunstancias. Esos códigos morales son los lujos de una sociedad establecida en la que todos son iguales tanto económicamente como en clases.

La psicología del superviviente

Siempre existen aquellas personas en todo el mundo que creen que el final de la sociedad es una posibilidad real, ya sea por aniquilación nuclear (hoy en día es más posible una guerra biológica) o por la caída del capitalismo pensando que tendrá como resultado crisis sociales y luchas sociales. A estas personas se les suele conocer cómo supervivientes. Estas personas guardan armas para lidiar con las hordas fuera de control que van a vagar en el exterior en el caso de un conflicto o civil, y también guardan comida por la posibilidad de desabastecimiento causado por la caída de la economía. Los supervivientes creen que tienen el derecho básico al entenderse ellos y sus familias en el caso de la caída de la sociedad y por la carencia de leyes que los protejan.

En ocasiones, estos grupos entran en conflicto con estatutos legales existentes que se han vuelto fortalecidos por autoridades federales, como el FBI. Por lo tanto, la mentalidad del superviviente es que, por una parte, están en conflicto con la sociedad y, por otra parte, tienen un intento genuino de controlar su propio destino en contra de los desastres futuros.

· · ·

Después de todo, las compañías de seguros sobreviven con esa simple premisa, aunque, irónicamente, serían las primeras en no sobrevivir una caída económica del capitalismo como ya se pudo ver en el fracaso de muchos bancos en la crisis económica mundial del 2009.

En la actualidad, las películas más populares del cine son las películas de desastres en las que hay inundaciones, guerras biológicas, invasiones alienígenas, tormentas solares y otras catástrofes causadas por la caída de la sociedad. Los héroes de estas películas siempre son de supervivientes con muchos recursos que, en medio de toda la violencia, protegen a sus seres queridos de todo el peligro. ¿Por qué las personas consideran que esos personajes son atractivos, son el héroe, y, a pesar de eso, los verdaderos supervivientes son denigrados como enemigos públicos del status quo? A juzgar por el éxito de estas películas y las personas normales se reconocen que la caída de la sociedad de es algo que podría pasar o que de hecho es algo inevitable. Así que consideran estas películas como un tipo de esperanza para otro futuro que podría llegar a ocurrir por la destrucción de su propio mundo cotidiano.

La psicología como evolución

· · ·

En la historia humana, todas las personas comenzaron como supervivientes al ser cazadores y recolectores vagando por la tierra buscando animales fáciles de cazar para tener alimentos y recursos. Conforme el tiempo pasó, vemos que estas sociedades se establecieron como asentamientos con agricultura y cultura al crear reglas, leyes, líderes y códigos morales. Conforme crecieron y se desarrollaron, estas sociedades crearon arte, música y religión para compensar una existencia limitada dentro de los límites de la misma sociedad que crearon.

Desde estos inicios, la tierra y la propiedad se volvieron importantes. La posesión de bienes y propiedades se volvió esencial para el crecimiento. Con el tiempo, estos asentamientos se volvieron villas, pueblos y ciudades que eventualmente formaron países con fronteras. La supervivencia se vuelve ahora una cuestión de grupo y no del individuo, ya que es el instinto natural del ser humano desde el inicio de los tiempos.

Sin embargo, con el tiempo, todas estas sociedades se desvanecieron y dejaron de existir. Algunas por razones desconocidas, como los mayas y las civilizaciones de Sudamérica. La mayoría fracasaron conforme fueron creciendo en imperios que dominaron a los débiles con una versión propia de las leyes y de la religión.

· · ·

Sin embargo, una cosa que a todos nos enseña la historia es que las sociedades desaparecen por toda clase de razones.

Los griegos, los romanos y los egipcios del mundo antiguo, y los imperios británico, francés, alemán y japonés del mundo moderno, todas estas sociedades tienen una cosa en común: ellos no visualizaron su propia caída. En el mundo actual un europeo o un estadounidense no puede imaginar la caída de la comunidad económica europea o de los estados unidos de América, no obstante, estos nuevos imperios modernos tienen su propio talón de Aquiles, el capitalismo.

Aunque Karl Marx vio lo negativo del capitalismo y su eventual falla, él no pudo haber visto cómo afectaría el mundo moderno, hasta el punto de que las guerras por el petróleo y el gas dominarían el siglo XXI. Sin embargo, es muy probable que Marx se hubiera reído con alegría ante la falla del sistema bancario en el 2009 que se basó en la avaricia y en la deuda entre las primeras naciones del mundo.

La mayoría de las fallas pueden ser atribuidas a la mala administración, pero, de hecho, fue por una pérdida de confianza en el sistema financiero por parte de las personas ordinarias lo que causó una pérdida de fondos y la incapacidad de ayudar a la deuda paralizante por las tasas de interés tan altas y las pocas ganancias en las inversiones. Cuando las personas entran en pánico entran en el modo de supervivencia, su bienestar es lo primero por lo que se preocupan.

Llegados aquí, es tiempo de concluir a partir de estas observaciones que las normas sociales, las leyes y los códigos morales de hecho no son normales para los seres humanos y que la sociedad suele obligar ciertos comportamientos del grupo basados en lo que el poderoso quiere de aquellos sin poder. Que, en realidad, la mentalidad de supervivencia es nuestra norma general y que nuestra sociedad intenta controlar nuestro lado salvaje en cada ser humano al entrenarnos desde una edad temprana a obedecer leyes, reglas y códigos morales, los cuales pertenecen al grupo que tiene el control, que por lo general son los ricos que dominan nuestros gobiernos y las instituciones.

Por lo tanto, hay que preguntarse si se vale condenar a aquellos que sienten que la sociedad no les ofrece un trato justo, que de hecho ellos deberían tomar lo que necesitan para lograr sobrevivir en un entorno que suele ser hostil en el que el privilegio depende de tu escolaridad, de tu familia o de tu riqueza.

¿La psicología misma necesita salir al mundo real y admitir que el comportamiento humano normal es oponerse a las sociedades rígidas y a sus reglas? Las personas se resienten a la sociedad, pero debido a que no tienen poder encontrar aquellos que controlan las leyes y la moralidad, sienten cierta impotencia al intentar vivir entre las ovejas. No es ninguna sorpresa que, ocasionalmente, surja algún lobo solitario que intente tomar las cosas entre sus manos para cambiar a la sociedad o su propio ambiente, para lograr vivir una existencia más libre y controlada por uno mismo, lejos de los rigores de la sociedad. Sociedad que, como hemos visto, eventualmente va a sucumbir y a re inventarse y conforme los nuevos ricos y poderosos tomen el control una vez más.

En el último siglo, hemos visto que China ha pasado de ser un imperio gobernado por déspotas a ser un régimen militar controlado por los ricos y poderosos, y luego se ha transformado en un estado comunista a mediados del siglo, en el que el marxismo determinó la vida la sangre todos sus habitantes y, eventualmente, la cambió a la China actual que es un estado capitalista-socialista la basado en un partido gobernante que determina la vida de la población impotente. En todas sus luchas para cambiar a aquella persona que los gobernaba, desde el emperador de antaño hasta años recientes, nada ha cambiado excepto los ricos y los poderosos que están en el poder.

Si otra revolución llegara a ocurrir en el futuro de China, por el momento parece improbable a pesar de la inquietud en muchas partes del país entre las minorías forzadas a complacer al poder central. Recuerda que ningún imperio puede ver su propio final.

¿Cómo va a lidiar la psicología entonces con la pregunta del comportamiento humano como un mecanismo básico de supervivencia, que de hecho los humanos son naturalmente violentos, crueles y dominadores de otras personas que son más débiles que uno mismo? Es difícil tener una perspectiva positiva para todos estos escenarios apocalípticos.

La psiquiatría de los hospitales mentales suele considerarse como el agente de control social. Si no estás de acuerdo con la sociedad y con sus reglas, entonces debes estar loco. Por lo tanto, debes estar comprometido y controlado por la seguridad y el beneficio de todos. La psicología, por otra parte, se considera como el aspecto liberador de la salud mental, en la que se ayuda a aquellos que no están en sintonía con la sociedad para encontrar su lugar y volver a encajar en ese comportamiento que se considera normal para ese grupo social.

· · ·

¿Cuál sería la respuesta para aquellos que se rebelan en contra de la sociedad en la que viven y que quieren otra forma de existencia sin la interferencia de los poderosos y quieren la libertad de vivir la vida que ellos eligen para sí mismos? ¿O acaso tenemos que esperar a que las películas se vuelvan reales y que el desastre que nos espera nos lleve a una existencia de superviviente? Nadie quiere tener que luchar día a día para poder sobrevivir.

Cómo se usa la psicología oscura en la actualidad

Los programas de entrenamiento que enseñan psicología oscura y nada ética y técnicas de persuasión suelen ser programas de ventas o de marketing. La mayoría de estos programas usan tácticas oscuras para crear una marca o para vender un producto con el simple propósito de ayudarse a sí mismos o a su compañía, no al cliente.

Muchos de estos programas de entrenamientos convencen a las personas de usar tales tácticas y que está bien hacerlo y es para el beneficio del que lo usan.

Porque, claro, sus vidas serán mucho mejores después de haber comprado el producto o servicio, como dicen en todos los comerciales. Si te preguntas quiénes son los que más usan la psicología oscura y las técnicas de manipulación, aquí hay una lista de personas que usan estas tácticas:

Narcisistas

Las personas que son realmente narcisistas (que cumplen con la diagnosis clínica) tienen un sentido exagerado del valor propio. Necesitan que otras personas validen su creencia de ser superiores. Tienen el sueño de ser adorados o alabados. Usan las tácticas de la psicología oscura, la manipulación y la persuasión nada ética para mantenerse.

Sociópatas

Las personas que son realmente sociópatas (de acuerdo con un diagnóstico clínico) suelen ser encantadores, e inteligentes, aunque son impulsivos. Debido a la falta de emocionalidad y la habilidad de sentir arrepentimiento, usan técnicas oscuras para crear una relación superficial y luego se aprovechan de las personas.

Abogados

Algunos abogados se concentran tanto en ganar su casi que recurren a usar cualquier técnica oscura de persuasión para obtener el resultado que ellos quieren.

Políticos

Algunos políticos usan tácticas de psicología oscura y tácticas oscuras de persuasión para convencer a las personas de que están en lo correcto y que deberían votar por ellos.

Vendedores

Muchos vendedores se concentran tanto en lograr una venta que llegan a usar técnicas oscuras para motivar y persuadir a alguien para que compre su producto.

Líderes

Algunos líderes usan tácticas oscuras para lograr la obediencia, sumisión, más esfuerzo y un mejor desempeño de sus subordinados. Podrán tener resultados óptimos, pero el trato a sus empleados es cruel.

Oradores públicos

Algunos oradores utilizan tácticas oscuras para incrementar el estado emocional de la audiencia al saber que eso lleva a vender más productos o a persuadirlos de lo que él o ella desea.

Personas egoístas

Esto puede ser cualquier persona que tenga objetivos que ponen primero su bienestar que el de otros.

Todas estas personas usan tácticas para satisfacer primero sus necesidades propias, incluso aunque sea a expensas de los demás. No les importan los resultados de ganar y perder. Es probable que te suene conocido para ti o para personas conocidas. Incluso yo caigo en esta categoría porque estoy en el negocio de escribir y vender libros.

Esta es la razón por la que siempre me tengo que recordar a mí mismo que trabajar, escribir, hablar y vender con carácter requiere evitar el uso de técnicas manipulativas y coercitivas. En eso radica la ética de trabajo.

Para diferenciar entre la motivación y las técnicas de persuasión que son oscuras de aquellas que son éticas, es importante examinar la intención. Debemos preguntarnos a nosotros mismos si las técnicas que estamos usando tienen la intención de ayudar a la otra persona.

Está bien si la intención también es ayudarte a ti mismo, pero si sólo es para tu beneficio, es muy fácil caer en las prácticas oscuras y poco éticas.

. . .

La meta debería ser lograr un beneficio mutuo o un resultado en el que ambos ganen. Sin embargo, debes ser honesto contigo mismo y con tu creencia de que la otra persona realmente va a obtener un beneficio. Un ejemplo de esto sería una persona de ventas que cree que todos se van a beneficiar de su producto y que la vida será mucho más sencilla para el consumidor gracias a su compre. Es muy fácil que este vendedor con esta mentalidad sucumba al uso de tácticas oscuras para convencer a la persona de que compre, y por eso usará una mentalidad de "el fin justifica los medios". Esto llevaría a la persona a usar cualquier técnica para lograr la venta, sin importar lo poco ética que sea.

Si tú no quieres ser una persona así y tampoco quieres ser víctima de este tipo de personas, sigue leyendo este libro para comprender en qué consiste la psicología oscura y así puedas defenderte de ella.

2

Principios básicos de las situaciones emocionales y las manipulaciones ocultas

¿QUÉ ES LA MANIPULACIÓN OCULTA?

Algunas formas de manipulación oculta probablemente han existido desde hace miles de años. Sin embargo, nuevos métodos organizados de manipulación oculta como la programación neurolingüística y las técnicas en las comunidades de los llamados "artistas de ligue", se han vuelto muy populares en los últimos 15 años, más o menos, con la ayuda del Internet. Es probable que más personas comunes estén involucradas en la manipulación oculta más que nunca.

Oculta es un adjetivo que significa que está cubierta, tapado, escondido o disfrazado.

. . .

Manipulación es el acto de mover algo con la mano o el acto de controlar por medio de medios ingeniosos, injustos o insidiosos, en especial a favor de uno mismo. Es importante hacer notar que no todas las técnicas de manipulación oculta son esencialmente dañinas, y no todas las personas que usan estas técnicas las están usando con la intención de lastimar, dominar o burlarse.

Sin embargo, el término manipulación oculta es una descripción precisa para todos los métodos de los que hablaremos luego, independientemente de la intención de la persona. Para bien o para mal, el objetivo de la manipulación oculta es persuadir sutilmente o dirigir a otros sin revelar las intenciones ocultas.

La manipulación emocional cubierta es el proceso en el cual uno obtiene el control de la mente de otra persona sin que ella sepa simplemente al hacer conversación con la mente subconsciente del interlocutor. El objetivo final aquí es cambiar la opinión de la persona en cuestión al manipular sus pensamientos y hacer que hagan las cosas a tu manera. En este proceso, el manipulados cambia el patrón de pensamientos de las personas, su comportamiento, emociones y percepciones de la vida a un nivel subconsciente.

· · ·

A diferencia de las sesiones convencionales de hipnoterapia, la manipulación oculta no implica cerrar los ojos ni
un péndulo que se mueve, ni gestos extraños con las
manos.

Las técnicas específicas de manipulación oculta incluyen
el uso de propaganda, la programación neurolingüística,
las técnicas de los artistas de ligue, ofuscación, simbolismo
subversivo, etc. Las técnicas de manipulación oculta son
una forma de control mental, aunque mucho más sutil
que otras formas abiertas como el lavado de cerebro.

- En la práctica, las técnicas de manipulación
  oculta pueden incluir todo lo siguiente:
- Usar señales no verbales para gustarle a
  alguien o para que esté de acuerdo contigo.
- Guiar o dirigir una conversación de tal
  manera que se revela solamente la
  información deseada.
- Codificar órdenes subliminales en el habla o
  en los gestos.
- Intentar construir un sentido de confianza (a
  veces falso) o conformidad en una persona
  seleccionada.
- Hacer suposiciones sobre el valor de la
  persona, sus motivaciones psicológicas, deseos,
  necesidades o inteligencia.

Todo eso sin proporcionar los hechos y la información, incluso escondiendo la verdad.

Las órdenes y sugerencias dadas por la persona que está manipulando a la otra que es la manipulada son más una metáfora y se presentan de forma diferente, aunque en ciertos casos también se dan de forma directa. Las historias son una de las herramientas de la manipulación oculta que puede ser utilizada de forma efectiva para ocultar el mensaje actual que estás dando y ayudar a recordarlo con más éxito.

Sin embargo, el paso inicial en la manipulación oculta es construir una buena relación con el interlocutor. Es muy fácil hacerlo con amigos y familiares, pero no es tan complicado hacerlo con extraños. Si quieres evitar que te manipulen, debes estar atento a estas acciones. Todo lo que tiene que hacer un manipulador es decir unos cuantos cumplidos o reírse de las bromas de su interlocutor desconocido para crear un nivel de comodidad adecuado. No es necesario que profundicen mucho en la conexión para lograr la manipulación. Así que ya sabes, debes estar atento cuando una persona te hace cumplidos o se ríe de tus chistes, tal vez quiere que sientas simpatía por él o ella, para que así estés más dispuesto a caer en su manipulación. Luego podrás darte cuenta de si fue honesto o no con los siguientes pasos.

El segundo paso después de crear una buena relación con el interlocutor para poder manipularlo, la persona manipuladora tiene que intentar apagar la mente crítica del interlocutor. No es nada muy complejo, sino que se trata de distraer la mente del interlocutor de su estado de pensamiento normal a un estado imaginario de pensamiento. Suele ser común empezar con estos escenarios y haciendo preguntas como "qué pasaría si…" o "imagina que…". Esto suele apagar de inmediato su mente crítica y deja que su imaginación domine todo su proceso de pensamiento. Después de haber retirado con éxito la mentalidad crítica del interlocutor, el manipulador ahora puede dar sus órdenes irresistibles y describir las cosas que quiere que el interlocutor haga. La efectividad de este paso depende de muchas cosas que tiene que hacer el manipulador. Depende de la forma en la que transforma la mente del interlocutor del pensamiento crítico a la imaginación, y el tipo de afirmaciones que utilice para convencer a la persona lo suficiente para realizar la tarea que le es asignada.

Esta técnica puede ser utilizada por vendedores, hombres de negocios, terapeutas y más. Se usa esencialmente para lograr resultados positivos de parte del interlocutor, pero a veces puede ser usado para mal por gente cruel que ha dominado este arte.

· · ·

Ahora que sabes el proceso, debes tener cuidado de a quién le haces caso, ya que está bien escuchar a tu terapeuta, por ejemplo, pero no sería buena idea escuchar a un o una cazafortunas.

Considera que la manipulación puede tener fines positivos si es para ayudar a la otra persona o si hay un verdadero beneficio mutuo. Así pues, es una actividad interesante que se puede aprender para ayudar a otros, quizás para mejorar las relaciones personales o en asuntos de trabajo. Si crees que eso suena bien, también considera que a ti no te gustaría que te manipularan.

La conclusión y la idea más importante es que todas las técnicas de manipulación oculta no son éticamente correctas. Quizás te parezca tentador usar técnicas de persuasión oculta cuando sea para obtener un beneficio propio, pero si a nosotros no nos gusta la idea de que alguien nos manipule en secreto, sin que lo sepamos, entonces no tenemos por qué hacerlo con los demás. La regla de oro es tratar a los demás como quieres que te traten a ti.

Si empezaste a leer este libro porque querías aprender sobre estas técnicas para asegurarte de que nadie pudiera usarlas en tu contra, deja que te ahorre la mala experiencia porque yo ya la viví y quiero evitar que caigas en la tentación. Algunas técnicas de manipulación de ven relativamente benignas, otras son plenamente manipuladoras a primera vista. Es muy tentador querer poner a prueba estas técnicas de persuasión para el beneficio propio, tal vez en una entrevista de trabajo o en una discusión con tu pareja. Pero piénsalo bien, considera si es honesto y éticamente correcto. Ser una persona sabia te lleva a pensar "¿Esto es correcto?" antes de actuar. ¿Te gustaría que te manipularan? No. ¿Serías capaz de usar este conocimiento sin abusar de él o usarlo solamente para beneficio personal? Haría falta una fuerza de voluntad inquebrantable.

Incluso si te sientes cómodo con la idea de que alguien te manipula en secreto (lo cual no creo porque precisamente estás leyendo este libro para evitarlo), de todas maneras, eso no significa que sea correcto que lo hagan. Las tácticas de manipulación oculta, incluso aquellas que no son inherentemente perjudiciales para otros, siguen siendo un intento de alterar el libre albedrío de alguien sin que lo sepa, ya sea por beneficio propio o para ajustarse a un objetivo no establecido.

La manipulación oculta significa tener poder sobre alguien, y con ese poder viene la posibilidad de usarlo o abusar de él. Ten mucho cuidado de caer en la tentación.

Hay dos cosas que debes evitar: usar las técnicas de manipulación oculta y que otras personas te manipulen. Si tú no quieres que alguien te quite la libertad de decisión o la libertad de actuar por tu propia cuenta, entonces tampoco tienes por qué hacerlo con los demás.

Ahora ya reconoces los dos pasos de las tácticas de manipulación oculta, puedes estar más atento cuando una persona comience a halagarte, a distraerte con historias y luego a pedirte favores o que hagas algo. Puede ser algo completamente inofensivo, como que te hagan servirles un vaso de agua, pero piénsalo así: ¿no sería mejor que te lo pidieran claramente y que te permitieran decidir y actuar por tu propia cuenta? Si es algo inofensivo y que ayuda a la otra persona, quizás hasta decidas hacerlo con gusto y poner más de tu parte. Si es algo malo no querrás hacerlo y menos si te obligan con manipulación.

Propaganda

La propaganda es una manipulación oculta dirigida a las masas. Algunas técnicas incluyen el uso de la dialéctica (presentando al público opciones premeditadas para lograr manipular el resultado que se quiere lograr), distracción, ingeniería social, ofuscación (trastornar o hacer confusos) de hechos relevantes para sesgar la opinión pública a favor de lo que la propaganda quiere (una táctica muy común en las elecciones políticas), etc.

La propaganda también puede incluir técnicas no verbales. El uso de música patriótica en eventos deportivos y desfiles militares se realiza intencionalmente para desviar la atención de las facultades lógicas de la mente, ya que la música apela a la parte de las emociones en el cerebro. Es decir que la música patriótica es una herramienta emocional muy útil para promover la unión o la identidad compartida en un grupo específico o una nación. Piensa en cómo las personas se unen al cantar el himno nacional durante un partido deportivo internacional en el que juega la selección de su país. Las personas se involucran mucho más porque la música está apelando a sus sentimientos.

Como cualquier otra técnica de manipulación oculta, la propaganda suele no ser ética porque es subversiva, altera el orden natural de tu comportamiento y pensamiento.

Es un intento de evitar la libertad y la voluntad del individuo y del grupo por medios viles o subconscientes, para que no te des cuenta de que pierdes el control de tus pensamientos, elecciones y acciones.

· · ·

Programación neurolingüística

La programación neurolingüística o **PNL** es un grupo de técnicas popularizadas por la Nueva Era y por movimientos de autoayuda para usarlas en conversaciones, en la mejora de uno mismo y en la modificación del comportamiento. La PNL tiene dos propósitos principales. La puedes usar para entrenar a tu propia mente a superar malos hábitos, a volverse más productiva y cosas por el estilo. No hay ningún problema ético al usar las técnicas de la programación neurolingüística en uno mismo si te resultan útiles y efectivas.

Sin embargo, la programación neurolingüística también sirve como una herramienta muy poderosa de manipulación oculta que puede ser usada en otras personas bajo el aspecto de técnicas de persuasión.

La programación neurolingüística puede incluir el uso deliberado del lenguaje corporal, como la imitación (sutilmente imitar lo que la otra persona está haciendo, como cruzar las piernas cuando ellas lo hacen) para hacer que la otra persona esté de acuerdo contigo o que le agrades, guiar o dirigir conversaciones para tu beneficio, el anclaje (usar palabras específicas para dirigir los procesos de pensamiento de otras personas), esconder sugerencias subconscientes dentro de oraciones o gestos, y tratar de hacer que la otra persona confíe en ti o que haya un entendimiento mutuo con un objetivo para lograr influenciar excesivamente a la persona.

Comprender que la programación neurolingüística es esencial en situaciones donde hay un adversario para que puedas defenderte a ti mismo y reacciona de forma efectiva si alguien usa la PNL en ti. Algunos usuarios de la programación neurolingüística no están contentos con el uso tradicional de las habilidades de debate y de retórica, ya que ellos deben confiar en medios engañosos para lograr establecer un punto. Las defensas en contra de la programación neurolingüística subversiva incluyen señalar de forma asertiva cuando alguien te está interrumpiendo, que no te permiten contestar a una pregunta, cuando cambian de tema o intentan deliberadamente llevar la conversación por otros contextos. Cuando le llamas a alguien la atención sobre su comportamiento deshonesto, ya no tienen la ventaja.

Teniendo esto en cuenta, ahora puedes defenderte de alguien que utilice las técnicas de neurolingüística cuando veas que cambian de tema, cuando te interrumpen constantemente, cuando no te dejan contestar o le intentan dar otro sentido equivocado a tus palabras.

. . .

En ese momento puedes defenderte y hacer notar que están manipulando tus palabras para su propio beneficio. De este modo, ya no pueden manipularte a ti y, en caso de que haya un público, las otras personas dudarán de lo que dice la otra persona.

Técnicas de los artistas de ligue

Las habilidades de ligue son un conjunto de técnicas populares de manipulación oculta que se basan en elementos de la psicología popular, de la psicología evolucionaría y de la teoría de juego. El objetivo general es evaluar objetivos basándose en sus atributos físicos o en su atractivo sexual, luego utilizan la manipulación oculta para seducir a esa persona o asegurarse de que se vuelva una pareja romántica. Los artistas de ligue utilizan los medios para llegar a un objetivo. El paso final sigue el objetivo personal de cada persona, que puede ser cualquier cosa desde encontrar una buena pareja hasta hacer que una persona aleatoria tenga sexo con el usuario de la manipulación lo más pronto posible.

Las técnicas de los artistas de ligue pueden incluir demostraciones abiertas de confianza o de valoración personal, hacer que alguien confíe rápidamente en uno mismo al crear un buen entendimiento, sutilmente hacer que otra persona se sienta inferior para demostrarle que el manipulador tiene un valor superior, tocará a Alí en para lograr escalar la interacción rápidamente y llegar a un encuentro sexual, alterar la información para hacer que el objetivo piense que tu objetivo no es el sexo cuando sí lo es, etc. Los artistas de ligue incluso pueden mentir descaradamente dependiendo de los motivos de la persona que lo usa.

Mucha de la crítica a los artistas de ligue viene de las feministas que piensan que el arte de ligar es practicado por hombres depredadores que objetifican a la mujer.

Mientras que algunos artistas de ligue ciertamente son depredadores sexuales, es posible que en los problemas de género sean irrelevantes a los problemas éticos inherentes con el arte de liga, ya que vienen incluidos como problemas generales. No se trata de los derechos de los hombres o de las mujeres. Podría decirse que el arte del ligue no es ético cuando cualquier sexo lo usa, aunque es cierto que es mucho más usado por los hombres para ligar mujeres. Cualquier sistema de creencias que apela a la dominación o superioridad de un género sobre otro es inherentemente no ético. Ambos géneros se balancean y se complementan el uno con el otro. La igualdad es el resultado natural de cuando ninguno de los dos sexos intenta dominar agresivamente al otro.

El problema ético con los artistas de ligue comienza con el fracaso de la igualdad. En vez de aproximarse a alguien desde una posición de igualdad o de dignidad humana, el hombre (la mayoría de las veces) se aproxima a las mujeres desde una posición de dominación y con un juicio superficial sobre su valor relativo. Simplemente piensan en lo que pueden obtener de ellas o cómo pueden usar su conocimiento superior en psicología para manipular o influenciar a la mujer sin revelar sus intenciones.

Aunque no sea un depredador sexual que está usando el arte del ligue, la misma práctica incluye imponerse de forma oculta sobre los demás, y para los artistas de ligue menos éticos, significa usar ese poder a expensas de otra persona.

Claro que puede ser difícil conocer parejas potenciales y que hay una gran cantidad de convenciones sociales y superficiales que se supone gobiernan el proceso de cortejo. Eso no cambia el hecho de que ser directo y asertivo sobre los deseos propios es ético y es un buen indicativo del carácter de una persona. Usar métodos deshonestos y ocultos para jugar con otras personas o para engañarlas con un sentido falso de seguridad no es ético. El hecho de que el arte de ligue funcione en nuestros días es una nota triste del estado intelectual y moral de la humanidad actual.

Defenderse en contra de las tácticas de manipulación oculta

La primera defensa en contra de las técnicas de manipulación oculta es, en primer lugar, reconocer que existen y que están relativamente extendidas en la sociedad. No lo digo por ser negativo o cínico con nuestra situación actual, sino que es un comentario realista. No todas las personas son honestas, asertivas o directas, y muchas personas, compañías y gobiernos tienen objetivos ocultos propios que quieren llevar a cabo.

La segunda línea de defensa en contra de la manipulación oculta es estudiar a detalle todos los métodos disponibles, con el objetivo de comprender y reconocerlos si alguna vez llegan a ser usados en tu contra o si llegas a ver que son usados por los medios de comunicación. Deberíamos aprender de todos los temas, incluso de cosas con las que no estamos de acuerdo. Algunos tipos de manipulación oculta, como la propaganda, son más o menos unidireccionales. En este caso no estás interactuando con la fuente de la manipulación, pero todavía puedes reconocer las formas que toma la manipulación.

La comunicación asertiva puede ayudar a defenderte en contra de la programación neurolingüística o de las técnicas del arte del ligue cuando sientas que alguien está cambiando el significado de tu conversación, si intenta persuadirte, si llega a invadir tu espacio personal o te intenta convencer de hacer algo que no quieres. También es una buena idea tener límites personales fuertes que te ayuden a protegerte de los depredadores sexuales y de los manipuladores.

3

Analizando la psicología oscura

La psicología oscura propone que toda la humanidad tiene una reserva de intenciones malignas en contra de otras personas que van desde una mínima molestia y pensamientos pasajeros hasta comportamientos completamente psicópatas y pervertidos sin ninguna racionalidad cohesiva. A esto se le llama continuidad oscura, es lo que en la psicología oscura se le llama factor oscuro.

La psicología oscura es un concepto que se ha utilizado por cerca de quince años. Pero es hasta hace poco que finalmente se ha conceptualizado la definición, su filosofía que la psicología de este aspecto de la condición humana.

La psicología oscura incluye todo lo que nos hace ser quiénes somos en relación con nuestro lado oscuro.

Todas las culturas, todas las creencias y toda la humanidad tienen este mal proverbial.

Desde el momento en el que nacemos hasta el momento de nuestra muerte, existe un lado latente dentro de todos nosotros que algunos han llamado malvado y otros han definido como criminal, pervertido y patológico. La psicología oscura presenta una tercera construcción filosófica que considera que estos comportamientos son diferentes de los dogmas religiosos y de las teorías de las ciencias sociales contemporáneas.

La psicología oscura asume que hay personas que cometen estos mismos actos y lo hacen no por poder, dinero, sexo, retribución o por cualquier otro propósito conocido. Simplemente cometen estos horribles hábitos sin un objetivo. Simplemente su fin no justifica los medios. Hay personas que violan o lastiman a los demás por el simple placer de hacerlo. El posible daño a otras personas sin una causa, explicación o propósito es el área que se explora en este libro. La psicología oscura asume que este potencial oscuro es increíblemente complejo incluso más difícil de definir.

La psicología oscura asume que todos tenemos el potencial de conductas depredadoras y que este potencial tiene acceso a nuestros pensamientos, emociones y percepciones. Como podrás leer en este libro, todos tenemos el potencial, pero sólo unos cuantos actúan siguiéndolos.

Todos tenemos pensamientos y emociones de vez en cuando de querer comportarnos de manera violenta o grosera. Todos hemos tenido los pensamientos de querer lastimar seriamente a otros sin piedad. Si eres honesto contigo mismo tendrás que estar de acuerdo con que todos tenemos estos pensamientos y emociones de querer cometer actos malvados. A pesar de tener estos pensamientos y emociones, no nos dejamos llevar y ahí es donde hay una gran diferencia.

Sabiendo esto, nos consideramos como una especie benevolente, uno quisiera creer que no existen estos pensamientos y emociones que llegamos a tener. Por desgracia, todos los tenemos y, por suerte, nunca actuamos siguiéndolos. La psicología oscura postula que hay personas que tienen estos mismos pensamientos, emociones y percepciones, pero que actúan acorde a ellos tanto de forma premeditada como de forma impulsiva. La diferencia obvia es que esas personas actúan siguiendo estos pensamientos, mientras que los demás simplemente tienen pensamientos y emociones pasajeras de hacerlo sin llevarlos a la acción.

· · ·

La psicología oscura propone que este estilo depredador tiene un propósito y algo de motivación racional orientada a una meta. La religión, la filosofía, la psicología y otros dogmas han intentado definir de forma convincente la psicología oscura. Es verdad que la mayoría de la conducta humana relacionada con acciones malvadas tiene un propósito y estará orientada a una meta, pero la psicología oscura asume que hay un área en la que el comportamiento con un propósito y las motivaciones orientadas a una meta parece a ser un área borrosa.

Existe una continuidad en la victimización de la psicología oscura que va desde los pensamientos hasta la desviación puramente psicótica sin ninguna racionalidad aparente o un propósito. Esta continuidad, el continuo oscuro, ayuda a conceptualizar la filosofía de la psicología oscura. La psicología oscura se encarga de esa parte de la psique humana o condición humana universal que permite e incluso impulsa la conducta depredadora.

Algunas características de esta tendencia de comportamiento son, en la mayoría de los casos, su falta evidente y de motivación racional, su universalidad y su falta de predictibilidad. La psicología oscura asume que esta condición humana universal es diferente o es una extensión de la evolución.

· · ·

52

Veamos unos cuantos principios básicos de la evolución.

Primero, consideremos que evolucionamos de otros animales y que, en el presente, somos la cúspide de toda la vida animal. Nuestro lóbulo frontal nos ha permitido volvernos la criatura superior. Ahora, vamos a asumir que ser la criatura superior no nos hace completamente libres de nuestros instintos animales y naturaleza depredadora.

Si asumimos que esto es verdad al apegarnos a la teoría de la evolución, entonces puedes creer que toda tu conducta se relaciona con los tres instintos primarios: sexo, agresión y el impulso instintivo de supervivencia. La evolución sigue los principios de supervivencia del más apto y la replicación de las especies. Nosotros y todas las demás formas de vida se comportan de cierta forma para procrear y sobrevivir. La agresión ocurre con los propósitos de marcar nuestro territorio, proteger nuestro territorio y, en última instancia, ganar el derecho a procrear.

Suena racional, pero, en el sentido estricto, ya no es parte de la condición humana.

La psicología oscura asume que este lado oscuro también es impredecible.

Es imposible de predecir en el entendimiento de quién actúa con base en estos impulsos peligrosos, y es incluso más impredecible saber hasta dónde puede llegar alguien con el sentido de la compasión completamente anulado. Hay personas que violan, asesinan, torturan y abusan sin ninguna causa o propósito. La psicología oscura habla de estas acciones de comportarse como un depredador que busca presas humanas sin definir claramente sus propósitos. Como humanos, somos increíblemente peligrosos para nosotros mismos y para todas las otras criaturas vivientes. Las razones son muchas y muy variadas y la psicología oscura e intenta explorar esos elementos oscuros.

Entre más personas puedan conocer la psicología oscura, más preparadas estarán para reducir las posibilidades de ser una víctima de un depredador humano. Antes de continuar, es importante tener, aunque sea, una mínima comprensión de la psicología oscura. Conforme continúes con este libro ampliando tu conocimiento del tema, vamos a entrar en detalles sobre los conceptos más importantes. A continuación, existen seis principios necesarios para comprender completamente la psicología oscura y son los siguientes:

1. La psicología oscura es una parte universal de la condición humana. Este constructo ha

tenido influencia a lo largo de toda la historia. Todas las culturas, sociedades y personas que viven en ellas mantienen esta faceta de la condición humana. Las personas más benevolentes saben que tienen esta parte de maldad, pero nunca actúan acorde a ella y tienen pensamientos y sentimientos violentos con menos frecuencia que los demás.

2. La psicología oscura es el estudio de la condición humana que se relaciona con los pensamientos, sentimientos y percepciones relacionadas con este potencial innato de ser un depredador sobre los demás sin tener una razón clara y definida. Ya que todos los comportamientos tienen un propósito, están orientados a una meta y están conceptualizados por medio de una manera de actuar, la psicología oscura hace notar la noción actual de que la persona puede tener un agujero negro de pura maldad, y es menos probable que esa persona tenga un propósito o motivación. Sin embargo, no creo que la pura maldad sea algo factible, ya que es infinita, aunque la psicología oscura asume que hay personas que se acercan a ella.

3. Debido a su potencial para ser malinterpretado como una desagradable psicopatía, la psicología oscura puede ser

pasada por alto en su forma latente. La historia está llena de ejemplos de esta tendencia latente de mostrarse a sí misma como comportamientos activos y destructivos. La psiquiatría y la psicología moderna tienen al psicópata como un depredador que no tiene remordimientos de sus acciones. La psicología oscura propone que hay un continuo de severidad que va desde los pensamientos y emociones de violencia hasta la severa victimización y violencia sin una motivación o propósito razonable.

4. En esta continuidad, la severidad de la psicología oscura no es considerada menos o más malvada que el comportamiento de victimización, pero traza un rango de inhumanidad. Una simple ilustración sería comparar a Ted Bundy con Jeffrey Dahmer. Ambos fueron severos psicópatas y sus acciones fueron terribles. La diferencia es que Dahmer cometió en esos horribles asesinatos por su necesidad delirante de compañía, mientras que Bundy asesinaba e infligía dolor de forma sádica por la simple maldad psicópata. Ambos estarían muy altos en el continuo oscuro, pero uno de ellos, Dahmer, puede ser entendido de mejor manera por su necesidad desesperadamente psicótica de ser amado.

5. La psicología oscura asume que todas las personas tienen el potencial para ser violentas. Este potencial es innato en todos los humanos y varios factores internos y externos incrementan la probabilidad de que este potencial se manifieste en comportamientos impredecibles. Estos comportamientos son depredadores en su naturaleza y, a veces, pueden funcionar sin una razón. La psicología oscura asume que la dinámica depredador-presa se vuelve distorsionada por los humanos y pierde todas sus motivaciones, a pesar de que es algo innato porque somos parte de los organismos vivos de este planeta. La psicología oscura solamente es un fenómeno humano que no se comparte con ninguna otra criatura viva. La violencia y el caos pueden existir en otros organismos vivos, pero la humanidad es la única especie que tiene el potencial de hacerlo sin un propósito.

6. Un entendimiento de las causas y detonantes subyacentes de la psicología oscura ayudaría a la sociedad a reconocer de mejor manera, a diagnosticar y posiblemente a reducir los peligros inherentes de su influencia. Aprender los conceptos de la psicología oscura sirve a una función dos veces beneficiosa. Aceptar que todos tenemos el potencial de ser malvados le permite a las personas con este

conocimiento reducir la probabilidad de su manifestación. En segundo lugar, comprender los principios de la psicología oscura encaja con nuestro propósito evolutivo original de arreglárnoslas para sobrevivir.

4

Manipulación

EL RECONOCIDO crítico y lingüista del MIT, Noam Chomsky, una de las voces clásicas del desacuerdo intelectual de la última década, ha recopilado una lista de las diez estrategias más comunes y efectivas que utilizan las agendas "ocultas" para establecer la manipulación de la población a través de los medios masivos de comunicación.

Históricamente, los medios han demostrado ser muy eficientes para moldear la opinión pública. Gracias a toda la parafernalia de los medios y de la propaganda se han creado o destruido movimientos sociales, guerras justificadas, se han atenuado crisis financieras, se han alentado otras corrientes ideológicas e incluso se ha dado el fenómeno de los medios masivos como creadores de la realidad dentro de la psique colectiva.

La manipulación de los medios es parte de nuestra vida diaria. Cada evento es presentado por los medios de la manera que es conveniente para cada uno de ellos. El concepto erróneo de la realidad creada por los medios en la audiencia puede llevar a un juicio y comportamiento erróneos en los humanos. Los medios no solamente tienen un rol social, sino que también son herramientas para controlar el sentir colectivo. La manipulación de los medios de comunicación consiste en la manera en la que las noticias son presentadas y depende de cómo las personas comprenden un proceso y cómo reaccionan al mismo. Así pues, podemos decir que los medios tienen un rol social en distintos grados. Pueden hablar de ciertos problemas y guardar silencio respecto a otros. Esto es exactamente lo que los vuelve un nuevo tipo de poder.

En países autoritarios y cerrados, el objetivo de los medios es persuadir a la audiencia de que deben aceptar incondicionalmente todas las acciones políticas y sociales del gobierno. Así es como se vuelven una parte del cuerpo de poder del país. Mientras tanto, en las sociedades abiertas y democráticas, los medios son un intermediario entre las autoridades y la gente (o eso deberían ser). Deberían proporcionar un flujo de información de dos vías, de las instituciones a la sociedad y viceversa. La competencia entre los medios masivos lleva a la diferenciación de las noticias y de la información, también llamado manipulación de los medios.

Pero ¿cómo podemos detectar las estrategias más comunes para comprender estas herramientas psicosociales en las cuales, seguramente, participamos y que así podamos hacerles frente? Por fortuna, Chomsky ha tenido la tarea de sintetizar y exponer estas prácticas, algunas más obvias y más sofisticadas, pero aparentemente igual de efectivas y, desde cierto punto de vista, degradantes.

Alentar la estupidez, promover la sensación de culpa, promover la distracción o construir problemas artificiales y luego, mágicamente, resolverlos son algunas de estas prácticas. Estas son estrategias para manipular a toda la población.

Quizás sea prudente mencionar que otro autor en estos temas es Sylvain Timsit, además de Noam Chomsky, y está la revista francesa *Les Cahiers Psychologie*.

Ya sea que estas estrategias son o no son originalmente con intenciones satíricas no es relevante en este momento. Es más importante que las estrategias sean relativamente sencillas, plausibles y observables empíricamente, con un poco de distanciamiento. Aquellas personas pueden estar de acuerdo que no se debe confiar en los medios populares con su selección fragmentada de temas y su bombardeo de información limitada.

Quien sea que haga esto y ve al mundo desde una perspectiva de un pluralismo liberal, según el cual no hay un centro de poder, no hay elites y no hay un gobierno en la sociedad, sino que hay diferentes grupos de actores que ejercen su influencia en una manera balanceada, de alguna forma, para que esas ideas prevalezcan y que correspondan a los intereses fundamentales de la mayoría, la persona que crea esto probablemente rechazará la lista mencionada.

Dirigir la atención

Un elemento esencial del control social es la estrategia de la distracción, la cual tiene como objetivo desviar la atención del público de los problemas y cambios importantes decididos por las élites políticas y económicas. Por medio de la técnica de inundación o bombardeo, la mente se vuelve más dócil y menos crítica por las constantes distracciones y la información trivial. La estrategia de la distracción también es esencial para prevenir el interés masivo en la ciencia, en la economía, en la psicología, en la neurobiología y en la cibernética.

La palabra clave en este caso es "insignificante".

. . .

La atención es un recurso bastante limitado. Si una sociedad democrática debe estar organizada para que relativamente pocos obtengan los beneficios mientras que la mayoría sólo observan, la mayoría debe estar ocupada con ciertas cosas para que no se involucren ni estorben en los intereses particulares. Ese estado de distracción ha sido utilizado desde la república romana atestiguada por el poeta Juvenal, y lo llamó "pan y circo".

Cualquier persona que respete la elección de temas en la televisión, radio, periódicos y conversaciones de sus colegas, debería cuestionarse la relevancia de ciertos temas en la vida de uno mismo o en la vida de las personas a su alrededor, al enfocarse en las condiciones existentes de felicidad a largo plazo y luego examinar cómo la relación del tiempo de empleo o el gasto de atención es relevante para la vida y cómo puede mostrar un tipo de involucramiento en las cosas.

Para hacer que ciertos temas sean populares, hay ofertas especiales en los supermercados, se publican los resultados de tus equipos favoritos, se hablan de los romances de los famosos, se nombran las curiosidades del niño de la colonia, se discuten las ventajas de la margarina baja en grasa comparada con la margarina normal, y cosas por el estilo.

· · ·

En cambio, no se habla de la violación de los derechos civiles, la tortura y la amenaza de los asesinatos en masa, de las guerras secretas a lo largo de occidente, de la guerra continua, del racismo y de la precariedad de la vida normal, así como de las falsificaciones de las causas de la guerra y el fomento de las crisis a través de las ideologías de guerra y más cosas por el estilo.

El ciclo forzado de problema, reacción y solución

A este método también se le conoce como "problema-reacción-solución". Se trata de crear un problema, una situación para causar alguna reacción en la audiencia para que ésta se vuelva la norma de las medidas que deberías aceptar. Por ejemplo: intensificar violencia urbana u organizar ataques violentos y sangrientos para que el público se vuelva más receptivo con las leyes y políticas que son perjudiciales para su libertad. Otro ejemplo: crear una crisis económica para que el público acepte la anulación de los derechos sociales y la disolución de los servicios públicos como un mal necesario.

Cuando los problemas sociales son creados (siguiendo un plan) para provocar una necesidad específica de orientación en la población, eso hace posible que desde el inicio haya una solución en la dirección ideológica deseada.

Esto es un crimen serio, en especial cuando las condiciones de vida de las personas se deterioran.

Los defensores del neoliberalismo son muy hábiles como se ha demostrado en el ejemplo de la financiación del estado. El país estadounidense estaba cada vez peor cuando la deuda pública se elevó hasta los cielos y se produjo el miedo necesario, claro, con ayuda de los medios de comunicación y los cabildos de negocios que llevaron a cabo soluciones falsas en la forma de frenos para la deuda. Por último, esto llevó a los problemas consecuentes (financiamientos en cuello de botella, estancamiento financiero, mayor aumento de la deuda estatal) que revitalizaron el viejo y familiar concepto de privatización como una solución subsecuente. Rápidamente se expandió la influencia de la privatización para una concentración masiva de capital privado.

Esto significa la privatización, la desregulación y cortar los gastos del estado. La resistencia en contra de los recortes del país en cuanto a los gastos viene de la burocracia y de los receptores de los subsidios. Por lo tanto, la emancipación o la reducción probablemente debía empezar en la parte de los impuestos con el recorte de impuestos para apoyar la orden de vaciar el Tesoro.

. . .

Esto permite que el déficit del país se eleve como ha demostrado la experiencia. Este tipo de estrategia se puede observar en la actual crisis europea. Por medio de los recortes sociales, los colapsos económicos son forzados a provocar desempleos masivos. El sistema colectivo de negociación fomenta el recorte de presupuestos, lo cual lleva a problemas en las propuestas.

Cualquiera que vea la ventaja de la información de las élites sobre sus poblaciones afectadas, en particular cuando los medios masivos actúan como la cuarta rama de poder bajo la escasez de recursos, como factores de la conexión de capital y bajo una mentalidad no anónima, no se necesita mucha imaginación para reconocer qué tan fácil pueden intensificarse y explotarse las crisis, las catástrofes y otros problemas en muchas áreas.

Gradación de cambios

Para hacer que una medida inaceptable sea aceptable, se aplica suficiente presión de forma gradual, gota a gota, por unos cuantos años consecutivos. Es de esta manera en que las condiciones socioeconómicas nuevas y radicales fueron impuestas durante los años ochentas y noventas.

· · ·

La privatización, la inseguridad, las mínimas condiciones, la flexibilidad, el desempleo masivo, los salarios que no aseguraban ingresos decentes, muchos cambios que hubieran llevado a una revolución si se hubieran aplicado todos al mismo tiempo.

Como es obvio con la luz, la presión y el ruido, la percepción de los procesos políticos de cambio también depende de la gradación. La economización de las áreas de la vida no puede ser aplicada en la crisis de un día para otro.

Más bien debe ser implementadas culturalmente a lo largo de generaciones por medio de instituciones influyentes si el costo beneficio, el mercado y el modelo de administración debe volverse el principio social omnipresente. Estas técnicas también se aplican a menor escala.

En el caso de cortes planeados en la escuela y en el área universitaria, una publicación de la Organización para la Cooperación y el Desarrollo Económicos recomienda mantener los subsidios estatales constantes y no reducirlos por el riesgo de protestas de grupos políticos que están al acecho.

Posponer los cambios

Otra forma de aceptar una decisión impopular es presentarla como "dolorosa y necesaria" para ganarse la aceptación del público en el momento. Es mucho más fácil aceptar un sacrificio futuro que un sacrificio inmediato. Primero que nada, se debe a que las medidas no se usan de forma inmediata, y en segundo lugar porque el público, las masas, siempre tienen la tendencia a esperar ingenuamente que "todo estará mejor el día de mañana" y que el sacrificio requerido podría ser evitado. Esto le da más tiempo al público para acostumbrarse a la idea del cambio y aceptarlo sin resignación cuando llegue el momento.

Si se planea en la agenda gubernamental el deterioro de las condiciones de vida para una gran parte de la población, las supuestas razones para esto deberían ser publicadas de forma temprana. Mientras el problema creado todavía no sea tan grave, la sociedad civil tendrá poca motivación para examinar las afirmaciones hechas por el gobierno. Cuando es grave, al problema creado se le da la apariencia de un hecho o familiar. En Alemania, el cambio demográfico y la competencia global fueron puestos a la vista del público para que los recortes de sueldos, de pensión y los cortes sociales fueran vistos como "dolorosos", pero como necesidades modernas en los tiempos de la bancarrota neoliberal permanente.

. . .

Comunicarlo en lenguaje para niños

La mayoría de la publicidad que tiene como objetivo el público general usa un discurso, argumentos y personajes con entonación especialmente infantil, que suelen apuntar a la fragilidad, como si el televidente fuera una criatura muy joven poder mentalidad infantil. Entre más se trate de engañar al televidente, más se adopta el tono infantil. La razón es que si una persona se dirige a otra como si tuviera doce años de edad o menos, entonces, debido a la calidad sugestiva, las otras personas tienden a responder o reaccionar sin mucha reflexión, probablemente, al igual que lo haría un niño de doce años o más joven.

Para anunciar temas poco placenteros, se utilizan mensajes vagos en los que cualquier cosa puede ser interpretada a partir de lo que se ha dicho. No surge ningún ataque ni crítica seria. Por otra parte, si se le habla directamente a la población, la contraparte colectiva es obligada a tomar el papel infantil por el lenguaje sencillo en un tono simpático, condescendiente o solicito. Desde el inicio, las personas están acostumbradas a corresponder a ciertos modelos a seguir que son activados por incentivos contextuales.

· · ·

En una sociedad bastante conservadora con jerarquías peladas y patrones de conducta establecidos, esta técnica puede tener el éxito deseado en la forma de obediencia sin cuestionamientos y una aceptación confiada que inspira seguridad.

Reemplazar reflexión con emociones

Los manipuladores no quieren activar los lados reflexivos de las personas. Ellos quieren evocar las emociones y llegar al inconsciente de las personas. Por esa razón muchos de estos mensajes están llenos de contenido emocional. El objetivo es causa de cierto cortocircuito en el proceso de pensamiento racional. Se utilizan las emociones para capturar el significado general del mensaje, pero no lo específico. Esta es otra forma en la que se anulan las habilidades de pensamiento crítico de las personas.

"Pensar" es una habilidad reciente en la historia de la evolución. La base del espíritu humano es un centro emocional que lleva al poder del juicio, en cuyas puertas los guardianes del juicio simplemente se rehúsan a funcionar.

.   .   .

La desigualdad y el desempleo incrementan rápidamente, la competitividad y la rivalidad en la población se vuelven las principales motivaciones de la humanidad y se vuelven normales las entregas de los tanques alemanes a los dictadores para lidiar con las rebeliones.

Promover la ignorancia

Los que tienen el poder se aseguran de que el público sea incapaz de entender las tecnologías y los métodos que se usan para controlar y esclavizar. La calidad de la educación que se le da a las clases sociales más bajas debe ser tan pobre y mediocre como sea posible, para que de esta forma la brecha de ignorancia entre las clases bajas y altas sea imposible de superar por las clases bajas.

La ignorancia puede incluir no saber por no querer saber. Ambas condiciones pueden estar estrechamente relacionadas. No saber puede provocar vergüenza. Las diferentes posibilidades de evitar la vergüenza entonces pueden favorecer no querer saber.

Uno puede permanecer completamente lejos de los medios y de los temas de poder político para tomar el conocimiento lleno de vergüenza que uno no quiere saber o que la persona quiere negar la relevancia y salir del paso con frases como "nada va a cambiar de todas maneras", "no se puede hacer nada al respecto" o "así es como funciona el mundo". Todas estas frases funcionan como cortinas apropiadas para calmar el ambiente, que de otra manera estaría alterado. Estas son patrones de comportamiento humano que se usan para quitarle la ventaja a la mayoría de la población y favorecer al estado y a la autoridad capitalista.

Existe una enorme discrepancia entre el conocimiento y la relevancia del conocimiento o en cuanto a los hechos económicos. ¿Qué es el dinero? ¿Cuál es la función del sueldo y de la productividad dentro de la economía nacional? ¿Cómo lucen las condiciones de distribución y cómo se han desarrollado? ¿Quién posee qué y por qué? ¿Por qué hay desempleo masivo y cómo afecta al orden o al balance de poder dentro de la sociedad?

Es bastante raro que estas preguntas no se discutan en la escuela o en la televisión comercial, o que sólo se traten de forma no controversial, aunque las ideas ligadas a ellas siempre tienen la última tarea de justificar los cambios incisivos del rango macro social. Se escuchan frases como "eso cuesta empleos", "no podemos seguir pagando este estado social", "se necesitan reformas estructurales" y "se debe aumentar la competitividad".

Un conocimiento comprensivo sería una necesidad democrática en este caso (al menos si la democracia no estuviera restringida a ser un acto de motor ciego en las elecciones). Sin embargo, la ignorancia sistemática de las personas es promovida por el cabildo de las empresas privadas, por medio del lavado de cerebros en los medios de comunicación, por medio de un incremento en la concentración de trabajo, por la competencia en los sueldos o con la ansiedad por el estrato social; todas las cuales reducen el enfoque al contexto más próximo.

Propagando la mediocridad

La mayoría de las modas y tendencias no vienen de la nada. Casi siempre hay alguien que las pone a funcionar y las promueve. Eso lo hacen para crear gustos, intereses y opiniones homogéneas. Los medios de comunicación constantemente promueven ciertas modas y tendencias.

La mayoría de ellas tienen que ver con estilos de vida frívolos, innecesarios e incluso ridículos. Convencen a las personas de que actuar de esta manera es lo que tiene estilo.

· · ·

La realidad estandarizada consiste en trabajar, consumir, sacar provecho de las posibilidades de entretenimiento masivo y ser honesto en las pequeñas cosas. Las personas aceptan la realidad estandarizada y, complacidas, la pasan a sus seres queridos.

Darle resistencia a la mala conciencia

Si se hace que la persona crea que él o ella es el culpable de su propia desgracia, se logra que dude de su propia inteligencia, de sus habilidades o de sus esfuerzos. Así que, en vez de rebelarse en contra del sistema económico, el individuo se devalúa y se culpa a sí mismo, lo cual genera un estado depresivo, cuyo propósito es paralizar la acción, y sin acción, no hay revolución.

En cierto libro, Stephan Hessel, el conocido luchador de la resistencia y coautor de la declaración de los derechos humanos, instó a que la gente se indignara. Él criticaba la discriminación, criticada las condiciones antisociales y concentradas en el poder de nuestros tiempos que amenazaban radicalmente la civilización, y también exigía un estándar de vida comprometido e informado que usara la desobediencia civil.

· · ·

Para sabotear los presupuestos de este tipo de actitud, a las personas se les debe dar una mala conciencia que los paralice para mantener las condiciones adecuadas según la perspectiva de las élites funcionales. Se les dice que son inadecuadas e incluso que toda su naturaleza humana es mala. La persona es egoísta, avariciosa y floja. La persona que no cree esas cosas de rebeldes es una "buena persona".

Este mensaje implícito se puede escuchar en el variado entretenimiento televisivo, resuena en los eslóganes como "hemos vivido más allá de nuestros recursos financieros" o devaluando y castigando los entornos de vida creados por medio del sistema social que fue acompañado por un público inconforme con las desigualdades y desventajas sociales.

La atmósfera producida con esto desmoraliza una gran parte de la población, ya que provoca la aversión general en contra de aquellas personas que están obligadas a permanecer en su estado social (al igual que todos los demás), en vez de dirigir su aversión en contra de los verdaderos agentes colectivos que provocan el sufrimiento. Esta atmósfera trae consigo la solidaridad de que todos son llamados a esta mala conciencia y se les insta a retirarse a un entorno cercano para que puedan ser confiables y estar listos para tener éxito.

Conocer más sobre otras personas que lo que saben de ellos mismos

En las últimas décadas, la ciencia nos ha dado acceso al conocimiento sobre la biología humana y la psicología.

Este conocimiento todavía no está disponible para la mayoría de las personas. Sólo una pequeña parte de la información llega a todo el mundo. Mientras tanto, las élites tienen toda esta información y la usan como les place. Una vez más, podemos ver cómo la ignorancia hace más fácil que los poderosos puedan tener el control de la sociedad. El objetivo de estas estrategias del control mediático es hacer que el mundo sea de la forma que la mayoría de los poderosos quieren que sea. Esas personas bloquean las habilidades de pensamiento crítico de todos, así como también bloquean su libertad. No obstante, es nuestra responsabilidad dejar de esperar pasivamente a que nos controlen. Debemos poner resistencia y pelear por nuestra libertad tanto como podemos. Hay que recordar que esta es una forma de manipulación oculta de la peor clase.

Mientras que toda clase de bombardeo mediático diario y atractores de atención comercial mantienen a la población en la ignorancia y distraídos de las condiciones sociales, aquellos que tienen mucho que perder y recursos extensos, no hacen nada para prevenirlo. Esto reafirma el dicho "el conocimiento es poder".

Pero ahora tú ya tienes la información sobre los métodos de manipulación, así que depende de ti dejarte llevar o darte cuenta de la realidad y actuar al respecto.

Por ejemplo, el conjunto de expertos que proporcionan consejos e ideas sobre asuntos políticos o económicos específicos funcionan como instituciones que reciben millones de parte de los intereses capitales poderosos y producen conocimiento dominante por medio de estudios que se adecuan a las élites funcionales y a quienes toman las decisiones.

Si uno mira al mundo como una red casual en la que están relacionadas una variedad infinita de causas y efectos entre todas en planos muy diferentes, entonces las instituciones con una enorme cantidad de recursos serían las que producen un increíble conocimiento que interviene en el plano social por medio de mucha documentación y análisis estadísticos (macrodatos y minería de datos), no por medio de teorías académicas radicales. Esto sirve para su manipulación suave disponible para toda la población, para que puedan inmunizarse.

Ahora tienes este conocimiento sobre los métodos de manipulación que llegan a los niveles políticos, económicos y sociales. Tienes que adoptar la costumbre de tener un pensamiento crítico reflexivo y no creer todo lo que escuchas. Claro que es mucho más fácil dejarse llevar por lo cómodo y lo fácil, pero eso significa dejarse manipular. Cuando se plantea en este círculo tan amplio, nacional o internacional, a comparación del círculo próximo personal, es mucho más complicado darse cuenta de la manipulación y evitarla, ya ni se diga actuar en su contra. No obstante, como habrás podido leer, el principal objetivo de esta manipulación es mantener a la gente en la ignorancia y la inactividad, así que tu respuesta defensiva sería informarte, investigar y no dejarte llevar. Piensa si eso es lo que en verdad quieres en tu vida y si estás dispuesto a no dejarte manipular.

5

Hipnosis

Autohipnosis

En el mundo actual que siempre está cambiando, a veces necesitamos ayuda para deshacernos de algunos hábitos o para calmar nuestros miedos. Podemos acudir a los métodos tradicionales: médicos, agencias gubernamentales y a medicamentos sin receta. Podemos hablar con terapeutas y psicólogos. Incluso podemos hacerlo nosotros solos. Sin embargo, a veces, cuando parece que nada de lo que hacemos ayuda a nuestra situación, necesitamos un poco de ayuda que es fuera de lo normal. Es momento de considerar la autohipnosis. Puede funcionar cuando todos los otros métodos han fracasado.

La autohipnosis es una variante de la hipnosis.

Simplemente se remplaza al hipnoterapeuta u otro individuo calificado con el sujeto/cliente. En otras palabras, el hipnotista también es el cliente. La autohipnosis, como la hipnosis, es una herramienta para el autodescubrimiento y la autoconsciencia. Es un medio por el cual cualquiera puede acceder a tu mente subconsciente. Se realiza de forma deliberada con la intención de alterar el patrón actual de pensamientos que tiene el subconsciente.

Al hacerlo, comienzas a establecer las bases para un cambio.

El propósito de la autohipnosis varía de acuerdo con las necesidades del individuo. El funcionamiento básico de esta técnica es ayudar a un individuo a alcanzar lo más profundo de su subconsciente. Al hacerlo, se le puede volver a entrenar para aceptar y reflejar lo que se quiere lograr. Algunos de los propósitos más comunes de la autohipnosis son:

- Dejar de fumar.
- Ayudarte a seguir una dieta.
- Mejorar tu imagen propia general.
- Ayudarte a superar cualquier miedo.
- Para dejar de hacer ciertas cosas, como la procrastinación.
- Ayudarte a controlar tus fobias.

- Ayudarte a mejorar tu memoria.

Hipnosis teatral

La hipnosis teatral no es hipnoterapia. Más bien, la hipnosis teatral es la aplicación de la hipnosis con el propósito de entretener a un público. En estos espectáculos, es el arte del hipnotista convencer a la audiencia que la hipnosis es un poder mágico y misterioso. Entre más grande sea la magia y el misterio, será mejor el espectáculo. Es importante saber que lo que ve la audiencia no es una demostración mágica y pura de poderes hipnóticos. Como un buen espectáculo de magia, hay muchas más cosas en juego de las que estás viendo y de las que te dicen.

Un factor importante que no suele ser revelado es el poder de los sujetos en el escenario cumpliendo las órdenes, no tanto por la hipnosis, sino por el fenómeno llamado expectativa de grupo o de multitud. Los psicólogos saben que es mucho más fácil predecir, influenciar y determinar el comportamiento de la conducta de un individuo cuando el individuo está en una multitud o en un grupo numeroso de personas.

. . .

Existe un fuerte poder llamado conformidad de escenario que aumenta enormemente los aparentes poderes mágicos del hipnotista en el escenario. Por medio de la conformidad de escenario, el sujeto en el escenario accede a seguir las indicaciones del hipnotista, no por la hipnosis, sino porque no quiere defraudar a la audiencia. La persona o personas en el escenario siguen las instrucciones del hipnotista hasta límites increíbles, sin embargo, no lo hacen porque estén hipnotizados y que no tengan opción. No importa si terminan haciendo cosas vergonzosas, como ladrar como un perro; ese no es el punto. Entre mejor y más fuerte sea el ladrido, más extraño será, la hipnosis más va a parecer control mental, y, entonces, será mejor actor o artista. A la audiencia le gustará, aprobará y los aceptará más conforme más sigan el juego, en vez de resistirse a las instrucciones del artista. La conformidad de escenario en verdad puede tener un efecto más fuerte que el efecto de la hipnosis. Si alguna vez has estado en un escenario, quizás fuiste testigo de esto.

¿Entiendes a donde quiero llegar? Es muy fácil sucumbir a la manipulación cuando estás en un grupo numeroso. Se puede decir que pierdes tu individualidad, tu pensamiento individual y la capacidad de actuar según tus principios y decisiones.

.   .   .

La hipnosis sí juega un papel en el espectáculo, pero sólo hasta cierto punto. En los espectáculos, la hipnosis sirve para ayudar a que la mente se concentre. Al usar la hipnosis para concentrar y liberar la mente hace que la multitud deje de lado sus pensamientos conscientes o aleatorios. Una vez más, una mente concentrada y libre es una cosa muy poderosa. Esto, combinado con la conformidad del escenario o teatral, hace que el trabajo del hipnotista no sea tan difícil. Te darás cuenta de que son capaces de concentrar mucha de su energía simplemente en entretener y animar el espectáculo. Entre más puedan convencer a la audiencia de que la hipnosis es control mental, será más interesante el espectáculo. Y eso es lo que se presenta, no lo que en verdad está sucediendo.

La hipnosis es una experiencia muy placentera, relajante y mentalmente refrescante. Es como tomar un descanso mental bastante relajante. Como un sujeto en el escenario, es muy fácil querer seguir el juego con el espectáculo porque sientes que, al no hacerlo, terminará la experiencia placentera de la hipnosis en la que te encuentras. Tu mente se relaja, no está analizando, ni está captando o creando pensamientos aleatorios. Esto no significa que el sujeto está inconsciente, en un coma o que le han arrebatado la mente.

· · ·

Estás consciente de lo que sucede a tu alrededor y de los sonidos que te rodean, incluso puede ser que más de lo que estaría una conciencia despierta normal. Tú sabes que si realmente quisieras podrías despertarte en ese momento. Pero, ¿con qué propósito? Si el hipnotista respeta tus límites, no tiene nada de malo seguirle el juego.

Cuando los sujetos se les pide que digan o hagan algo que va en contra de sus creencias morales, éticas o religiosas, simplemente pueden despertarse o no obedecer la orden del hipnotista. Un sujeto no hace nada en la hipnosis de lo que no haría normalmente cuando está despierto, en el mismo contexto he ido situación. Un ejemplo de esto puedes en una situación en el escenario cuando un sujeto comenzó a quitarse la ropa durante el espectáculo, mientras que el otro sujeto llegó hasta donde era socialmente aceptable, pretendiendo desnudarse, pero deteniéndose justo antes de cruzar el estándar social. El mismo hipnotista estaba realmente sorprendido y se dio cuenta de que tenía que detener a la mujer, lo cual hizo. No fue sino hasta después del espectáculo que descubrió que la ocupación de la mujer era ser una stripper.

Muchos hipnoterapeutas no están de acuerdo ni apoyan la hipnosis teatral. Existe una verdadera diferencia entre los hipnotistas de espectáculo y los hipnoterapeutas.

La razón es comprensible, ya que la hipnosis teatral demuestra un trabajo que plantea la hipnosis como un estado de sueño inconsciente que da pie al control mental. Esta es una interpretación equivocada de la hipnosis. Sirve para reforzar la creencia falsa que tiene la sociedad de que la hipnosis es extraña, rara y fuera de lo común, lo que no es cierto. No te quedas dormido, no estás en un coma, tu mente no está siendo controlada.

Los hipnoterapeutas eligen usar la hipnosis como una herramienta para ayudar a que otras personas vivan más felices, más sanas y con una vida más placentera. En contraste, la hipnosis teatral usa la hipnosis como herramienta central en sus espectáculos de entretenimiento. Es muy clara la razón para que exista una diferencia entre ambos.

A pesar de las diferencias obvias entre la hipnosis teatral y la hipnoterapia, el hipnotista de teatro, sin darse cuenta, sirve a un porcentaje de la humanidad por medio de la aplicación de la hipnosis. El espectáculo, junto con las representaciones televisivas, fomentan la creencia colectiva de que la hipnosis es una cosa poderosa y milagrosa de aprovechar el poder de la mente. No hace falta pensar demasiado para unir las piezas. "He intentado todo lo demás, ¿por qué no intentar la hipnosis como último recurso?

Es extraña, no sé cómo funciona (miedo a lo desconocido), pero no importa, tal vez funcione". Esa es la línea de pensamiento que provoca muchas llamadas telefónicas a los hipnoterapeutas enlistados en la guía telefónica.

En un mundo perfecto, se les enseñaría a las personas en la escuela qué es la hipnosis y cómo funciona. Sin embargo, ese no es el mundo actual. Los hipnoterapeutas tienen un trabajo que ha sido excluido en lo que respecta a la educación pública y no se enseña nada sobre la hipnosis. La educación masiva debería ser una meta a largo plazo de la profesión. Irónicamente, no se ve a muchos hipnoterapeutas a cargo de la educación pública.

Muchos panfletos escritos por los mismos hipnoterapeutas tienden a omitir el valor educativo de la hipnosis. Tal vez, muchos hipnoterapeutas prefieren mantener la hipnosis como algo mágico y misterioso debido a que esta cualidad definitivamente puede atraer a más clientela. Condenar la hipnosis teatral directamente es algo bastante arriesgado en este punto.

Los hipnotistas de espectáculo están en una posición privilegiada en la que pueden llegar a miles de personas que acuden a espectáculos.

· · ·

Se alienta a los hipnotistas teatrales a que se den cuenta de la gran influencia que tienen y que pueden usarla para informar y educar a las personas en los beneficios de la hipnosis y la hipnoterapia. Quizás, al final del espectáculo, puedan recordarle a la audiencia lo que ha sido demostrado, algo como "La hemos pasado muy bien esta noche. Quiero que cada uno de ustedes sepa que lo que acaban de ver ahí es sólo una hipnosis que concentra su mente en vivir una vida más feliz, más saludable y más satisfactoria".

¿Cómo se diferencia la autohipnosis de la hipnosis teatral?

La hipnosis y la autohipnosis son formas respetadas de terapia. Estas formas de hipnoterapia son usadas para lograr un propósito específico, en el cual sólo participan la persona que desea cambiar o que busca una solución y el terapeuta. El objetivo que establecen el terapeuta y el cliente son individuales y tiene como objetivo tratar una verdadera necesidad. Las sesiones y dos temas son personales, privados y se realizan en un entorno seguro y a salvo. Si usas la autohipnosis, simplemente tienes que saber por qué estás ahí.

En el caso de la hipnosis teatral, la gran diferencia es el escenario. Este es un espectáculo público.

Las personas han pagado para ver qué es lo que el hipnotista/mago puede hacer que otras personas hagan.

El cliente o el auxiliar del escenario no está ahí para lograr alguna meta personal, excepto, tal vez, por unos cuantos minutos de fama. El hipnotista teatral puede ser manipulador incluso aprovecharse para cumplir con sus objetivos. Además, toda la estrategia requiere más que un poco de ilusión e incluso autoengaño.

Tipos de hipnosis

Existen cuatro tipos principales de hipnosis que son usados actualmente en la sociedad para hipnotizar a otra persona o para hipnotizarse a uno mismo. Los cuatro tipos principales de hipnosis son la hipnosis tradicional, la hipnosis Ericksoniana, hipnosis de programación neuro-lingüística y la autohipnosis. Cada tipo de hipnosis varía en cuanto a su uso y práctica. El denominador común principal entre los cuatro tipos de hipnosis es que todos comienzan con alguna clase de inducción hipnótica, cómo la inducción por una mirada fija o contar hacia atrás, para inducir el estado hipnótico.

Hipnosis tradicional

La hipnosis tradicional es la forma más básica de hipnosis y es la más usada, ya que existe la creencia de que cualquiera puede hacerlo con muy pocas instrucciones y entrenamiento. También se cree que la hipnosis tradicional es la forma más fácil a de la hipnosis porque se requieren sugerencias y órdenes simples. Esta es la forma de hipnosis que es ampliamente comercializada con los discos y audios de hipnosis, en conjunto con las grabaciones de hipnosis. Una vez que se encuentra en el estado hipnótico, el método de la hipnosis tradicional conecta con el subconsciente y utiliza la sugestión dirigida y las órdenes para influenciar los comportamientos, pensamientos, emociones y acciones de una persona.

Ejemplos de estas órdenes pueden ser una sugerencia sobre la autoconfianza, o sobre dejar un mal hábito como el alcoholismo o fumar. Ya que la hipnosis tradicional se basa en sugerencias y órdenes, se suele considerar que no es completamente efectiva para las personas que tienen procesos de pensamiento crítico y analíticos. La mente consciente tiene la tendencia a interferir con el proceso de sugestión y órdenes, criticando el mensaje y no permite que sea completamente absorbido por el subconsciente.

La hipnosis tradicional también es la base de la hipnosis teatral, la cual es popular en la cultura de hoy en día entre los fiesteros y los que asisten a los clubs de comedia.

La hipnosis Ericksoniana

La hipnosis Ericksoniana se basa en los principios desarrollados por el Dr. Milton Erickson. Esta forma de hipnosis es particularmente excelente para aquellos que son escépticos de la hipnosis, ya que usa metáforas en vez de sólo usar sugestiones directas. Las metáforas permiten que el cerebro piense de forma creativa y llegar a las conclusiones a las que quizás pudo no haber llegado al usar la forma más unilateral de la hipnosis tradicional.

Las metáforas funcionan al comparar y contrastar dos cosas de una manera más compleja que simples órdenes y sugestiones. También permiten que la mente cartel la idea o un pensamiento de forma más orgánica que una sugerencia directa, razón por la cual los escépticos suelen ser hipnotizados usando este método y no el método tradicional. La hipnosis Ericksoniana usa metáforas isomórficas e intercaladas. Las metáforas isomórficas cuentan una historia que tienen un concepto moral, lo cual hace que la mente inconsciente realice una comparación uno a uno entre la moral de la historia y el problema con el que ya se es familiar (el que se quiere tratar). Las metáforas intercaladas usan órdenes adjuntas que distraen a la mente consciente, permitiendo que la mente inconsciente procese el mensaje de la metáfora.

. . .

La hipnoterapia Ericksoniana usa más de lo que se llama sugestión indirecta. La sugestión indirecta es mucho más difícil de resistir, porque ni siquiera llegan a ser reconocidas como sugerencias por la mente consciente, ya que suelen disfrazarse de historias o metáforas. Un ejemplo de una sugestión indirecta es "y tal vez tus ojos se sentirán cansados conforme escuchas esta historia, y querrás cerrarlos porque las personas pueden experimentar una sensación de comodidad placentera y profunda conforme te dejan que sus ojos se cierren y se relajan profundamente".

Piensa sobre la siguiente situación: un niño de cinco años de edad carga con mucho cuidado un vaso lleno de leche y lo lleva hasta la mesa. El padre del niño lo previene con una voz severa "¡No lo tires!". El niño mira al padre, se tropieza, tira el vaso y derrama toda la leche. El padre ahora enojado grita "¡Te dije que no tiraras eso! Eres tan torpe. Nunca aprenderás".

No importa qué tan poco intencional sea esa situación, es un ejemplo de hipnosis. La voz poderosamente autoritaria (el padre) ha creado por medio de la sugestión indirecta ("¡No lo tires!") un estado alterado (trance), ha mandado una sugestión directa posthipnótica ("Eres tan torpe. Nunca aprenderás").

· · ·

Es posthipnótica porque, si el niño acepta las sugerencias (y los niños suelen hacerlo), él siempre se verá a sí mismo como torpe. Esa sucesión posthipnótica hecha por el padre puede adherirse al futuro directo del niño, saboteando así el éxito que podría tener.

Hipnosis de programación neurolingüística

La hipnosis de PNL combina la programación neurolingüística con la hipnosis para lograr resultados significativos. La PNL es una forma de psicoterapia que conecta los procesos neurológicos con los patrones de comportamiento, básicamente, conecta lo que hacemos con lo que sentimos. La hipnosis es una forma en la que el subconsciente se comunica directamente, muchas veces evitando la mente consciente; eso significa que la persona hipnotizada se vuelve altamente sugestionable y abierta a instrucciones y modificación de pensamientos.

La hipnosis PNL se usa en conjunto con la autohipnosis para lidiar con problemas como la autoconfianza, autoestima y del bienestar mental en general. También se usa para lidiar con ansiedad y conquistar miedos y fobias.

. . .

Este método de hipnosis es efectivo porque usa el mismo proceso de pensamiento que el que se usa para revertir un miedo o problema o para deshacerse del problema.

Quizás la técnica más común de esta técnica de programación neurolingüística y el anclaje, y probablemente todos la han experimentado hasta cierto punto. ¿Hay una canción que cuando la escuchas te desencadena sentimientos del pasado? Si la respuesta es sí, entonces esta canción se ha vuelto un ancla para esos sentimientos. Con la hipnosis PNL puedes anclar cualquier cosa que quieras a cualquier sentimiento o estado mental que desees. Por ejemplo, puedes anclar la acción de tocar tu oreja con el sentimiento de autoconfianza. En cualquier momento en el que te sientas ansioso sobre algo o experimentes pánico escénico, simplemente puedes tocar tu oreja y acceder a esos sentimientos de autoconfianza y control. Cuando elijas un ancla (por ejemplo, tocar la parte superior de tu oreja derecha) es importante elegir una que sea específica e intermitente (de lo contrario, ocurrida una desensibilización), y eso se queda anclado a un estímulo y a una reacción única (si no, la asociación no ocurrirá).

Una técnica de hipnosis PNL más avanzada es el flash. Se usa para deshacer una respuesta condicionada, en otras palabras, para remover una asociación entre dos comportamientos.

Por ejemplo, muchas personas tienden a fumar un cigarrillo cuando se sienten hambrientos. Con el tiempo, sus mentes asociarán la sensación de hambre con fumar un cigarrillo, y empezarán a desear un cigarro cada vez que se sienten hambrientos. El flash puede ser usado para remover esta asociación.

Otra técnica de hipnosis PNL se llama replanteamiento y se utiliza para cambiar el comportamiento de una persona. El resultado (el objetivo de la persona) es identificado y luego se accede al subconsciente y se hace que sustituya un conjunto de comportamientos con otro. Esto es aceptable para la conciencia, pero será más beneficioso para lograr cumplir la meta que el comportamiento anterior.

El atractivo de la hipnosis PNL es que no necesitas ser experto en todo el arte para obtener beneficios. Incluso si sólo has comprendido un concepto o técnica de la hipnosis PNL, puedes usarlo tú solo para mejorar tu vida.

El anclaje es la técnica más fácil de aprender y sugerimos que intentes primero con esa. La hipnosis PNL se cree que es una de las formas más efectivas de la hipnosis cuando las técnicas se usan por separado o en conjunto.

. . .

La autohipnosis

Como ya hemos dicho, la autohipnosis la realiza uno mismo para lograr un estado profundo de relajación al utilizar cualquiera de los tipos de hipnosis ya mencionados. La autohipnosis permite que la mente se relaje y que llegue a un estado hipnótico sin la ayuda de un hipnotista o un hipnoterapeuta. Entonces, las sugestiones y las órdenes las haces tú mismo o con un audio que te esté guiando en la sección de hipnosis. Actualmente, muchas personas prefieren la autohipnosis en vez de la hipnosis guiada porque no confían en otras personas para dejarles su mente subconsciente frágil e influenciable.

Ahora que conoces todas estas formas de hipnosis, considera si te pueden ser de utilidad para cambiar algunas conductas o para ayudarte a tener más confianza en ti mismo o deshacerte de un miedo o ansiedad. Con este método, tú mismo controlas tu mente, o pides ayuda para que alguien te asista, para tener un cambio favorable en tu mente. No te dejes engañar por los espectáculos de hipnosis, que tienen su propio atractivo, pero que implican una manipulación externa sin ningún resultado favorable.

Mensaje subliminal

Cuando intentas hacer un cambio, pero parece que no obtienes los resultados esperados, existen creencias limitantes que te están bloqueando. Debes eliminar estas creencias e instalar unas nuevas. Este proceso puede ocurrir solamente por medio de la mente subconsciente.

Los mensajes subliminales es la técnica más poderosa, se silla, efectiva y amigable que lidiar directamente con la raíz de todo: la mente subconsciente.

Se han investigado ampliamente los mensajes subliminales y cada vez demuestran ser el mejor método para crear cambios profundos. Este método puede ser realizado por cualquier persona, y su efectividad, resultados y facilidad de uso hacen que sea extremadamente popular y la técnica más estudiada. A partir de una técnica poco conocida usada por la élite, los mensajes subliminales se han extendido entre millones de personas.

Reproducir mensajes subliminales durante el sueño

Los mensajes subliminales durante el sueño pueden ayudarte a crear un gran cambio y a mantenerlo por un largo tiempo.

Con un mínimo esfuerzo, puedes transformar tus 6-8 horas de sueño en un seminario de desarrollo personal. Al exponer tu cerebro a mensajes subliminales, fácilmente puedes invertir un tercio de tu día para mejorar los problemas con los que estás lidiando y programar tu mente subconsciente para deshacerse de los patrones de pensamientos negativos.

Los mensajes subliminales te llevarán más lejos que nunca. Puedes utilizar esta forma de mensajes subliminales como lo hacen las personas más exitosas. Incrementarás constantemente tu confianza mientras lees las noticias del día; puedes desarrollar habilidades sociales espectaculares y aprender a hacer fácilmente nuevos amigos mientras revisas la receta de tu pastel favorito.

Puedes programarte a ti mismo para sentirte feliz cuando revises tu correo, puedes crear paradigmas monetarios positivos mientras revisas tu muro de Facebook.

Sólo necesitas unos cuantos momentos escuchando y empezarás a sentir que el estrés desaparece de tu mente y de tu cuerpo. Te encontrarás a ti mismo inmerso en una sensación profunda de relajación pura y que estás libre de preocupaciones.

. . .

Además de todos los objetivos maravillosos que puedes lograr al usar los mensajes subliminales, también puedes mejorar tu sueño y levantarte con energías, fresco y rejuvenecido con un espíritu positivo. Puedes encontrar mensajes subliminales que cambiarán tu vida para mejor en varias librerías de audios en línea.

Ver flashes subliminales en la pantalla de computadora

Como ya sabes, los mensajes subliminales pueden ser transmitidos por audios, pero también pueden ser visuales. Los mensajes subliminales visuales aparecerán como flashes rápidos en la pantalla de tu computadora. Al usar este método de mensajes subliminales, solamente tienes que invertir unos cuantos minutos al día. El mensaje subliminal lleva afirmaciones positivas y, al estar expuestos a ellas una y otra de, se creará una nueva red neural en tu cerebro. El significado de todo esto es que puede ser la persona que quieres ser.

Las afirmaciones subliminales se pueden volver tu realidad y finalmente puedes dejar que tú mismo te vuelvas el individuo poderoso que siempre deseaste ser.

. . .

Con esos mensajes subliminales en forma de flashes, fácilmente puedes manifestar esas afirmaciones y hacer que se vuelvan realidad. Es muy fácil establecer estos mensajes subliminales en tu computadora, quizás como protectores de pantalla, o puede buscar tutoriales en línea.

Reproducir mensajes subliminales audibles durante el día

Aunque se recomienda escuchar los mensajes subliminales antes de dormir o durante el sueño, cuando la mente está en un estado más receptivo, hay otras maneras eficientes de usar los mensajes subliminales durante el día.

Es posible que la mente subconsciente absorba los mensajes subliminales y que sea programada mientras estamos despiertos. Durante el día, el cerebro funciona con ondas beta, pero la nueva información todavía puede llegar a la mente subconsciente. La nueva información llega al subconsciente todo el tiempo. La única diferencia es que podemos comunicarnos con la mente subconsciente más fácilmente durante el la producción de ondas alfa y theta. Durante el día, no tenemos que deliberadamente comunicarnos con el subconsciente, simplemente podemos dejar que absorba el mensaje subliminal de forma automática.

Además de los flashes subliminales, otra forma muy efectiva de usar los mensajes subliminales durante el día es reproducir en el fondo meditaciones subliminales en formato audible. Puedes cocinar, limpiar la casa, tomar un baño relajante o ver tu programa de televisión favorito.

En tiempos anteriores, se decía que los medios de comunicación masiva utilizaban los mensajes subliminales para manipular a las personas. Hoy en día es mucho más complicado que realicen algo por el estilo sin que el público se dé cuenta. Los medios masivos de comunicación ahora tienen otros recursos de manipulación más efectivos, como los ya mencionados, y no necesitan recurrir a los mensajes subliminales.

Ahora que conoces todos los beneficios posibles de los mensajes subliminales, puedes utilizar estas técnicas para ayudarte hacerla personal que deseas ser, quizás con mensajes positivos para tener una mejor autoestima, o para ayudarte a superar algún problema. Aprovechar estas técnicas para usar la de forma positiva en tu vida y no te dejes llevar por la manipulación negativa.

6

Persuasión

¿Qué es la persuasión?

Cuando piensas en la persuasión, ¿qué es lo que viene a tu mente? Algunas personas pueden pensar en los mensajes de publicidad que animan al espectador a comprar un producto en particular, mientras que otros pueden pensar en un candidato político tratando de convencer a los votantes para que lo elijan durante las votaciones. La persuasión es una fuerza bastante poderosa en la vida diaria y tiene una gran influencia en la sociedad y en todo, básicamente. La política, las decisiones legales, los medios masivos, las noticias y la publicidad, todas están influenciadas por el poder de la persuasión y, a cambio, nos influencian.

. . .

A veces nos gusta creer que somos inmunes a la persuasión. Que tenemos la habilidad natural de ver a través del discurso de ventas, que podamos comprender la verdad en una situación y llegar a una conclusión por nuestra cuenta. Esto puede ser verdad en algunos escenarios, pero la persuasión no es solamente un vendedor insistente tratando de venderte un auto o un comercial de televisión tentándote a comparar el más nuevo y el mejor producto.

La persuasión puede ser sutil, y cómo respondemos a tales influencias depende de varios factores.

Cuando pensamos en persuasión, suelen venir a nuestra mente ejemplos negativos en primer lugar, pero la persuasión también puede ser usada como una fuerza positiva.

Las campañas de servicio público que instan a las personas a reciclar o a dejar de fumar son excelentes ejemplos del uso de la persuasión para mejorar la vida de las personas.

Así que, ¿exactamente qué es la persuasión?

· · ·

La persuasión puede ser definida como el proceso simbó-
lico en el que las personas que se comunican intentan
convencer a otras personas de cambiar su actitud o su
comportamiento respecto a una situación, por medio de
la transmisión de un mensaje en una atmósfera en la que
pueden escoger libremente.

Los elementos claves de esta definición de persuasión son:

- La persuasión es simbólica, utilizar palabras, e
  imágenes, sonidos, etc.
- Involucra un intento deliberado de influenciar
  a otras personas.
- Es elemental la autopersuasión. Las personas
  no son obligadas, más bien son libres de elegir.

Los métodos de transmitir mensajes persuasivos
pueden suceder en una gran variedad de formas, incluyendo la verbal y la no verbal, en la televisión, en la radio,
en el internet o en la comunicación cara a cara.

¿En qué distingue la persuasión de hoy en día?

Mientras que el arte y la ciencia de la persuasión han sido
un tema de interés desde los tiempos de los antiguos griegos, existen diferencias significativas entre las formas en

las que ocurre la persuasión hoy en día y cómo ocurría en el pasado. De acuerdo con otras investigaciones, existen cinco formas principales en las que la persuasión moderna se diferencia de la persuasión del pasado:

1. La cantidad de mensajes persuasivos ha incrementado de forma avasallante. Sólo tienes que pensar en la cantidad de publicidad a la que estás expuesto o cada día. De acuerdo con varias fuentes, el número de publicidad a la que está expuesto un adulto promedio cada día va desde los 300 hasta los 3000.

2. La comunicación persuasiva viaja mucho más rápido. La televisión, la radio y el internet han ayudado a extender los mensajes persuasivos bastante rápido.

3. La persuasión es un negocio muy grande. Además de las compañías que están en el negocio simplemente con propósitos persuasivos (como las agencias de publicidad, las compañías de marketing, las empresas de relaciones públicas), muchas otras empresas en negocios utilizan la persuasión para vender sus productos y servicios. La

4. Hay una gran cantidad de publicidad que usa estrategias de persuasión bastante obvias, pero muchos mensajes son muchísimo más sutiles. Por ejemplo, las empresas a veces crean con mucho cuidado una imagen bastante

específica diseñada para que los espectadores vayan a comprar sus productos o servicios para poder obtener el estilo de vida que se ha proyectado en su publicidad.

5. La persuasión actual es mucho más compleja. Los consumidores son más diversos y tienen más opciones, así que los vendedores tienen que ser más astutos en lo que se refiere a seleccionar su medio y mensaje de persuasión.

Persuasión moderna

Se ha discutido bastante si la sociedad occidental prefiere la persuasión incluso más que otras sociedades. Los matrimonios no son arreglados, se deja que las personas utilicen técnicas de persuasión para atraer a una pareja. A diferencia de los países comunistas que controlan el mercado, la creación del gusto del consumidor y sus elecciones quedan en manos de la publicidad. Los argumentos no son establecidos por los líderes de una familia o por autoridades religiosas, sino que son establecidos por los ejércitos de abogados. Los gobernantes no son nacidos de la realeza o elegidos por su habilidad, sino que surgen por medio de uno de los rituales de persuasión más grandes de todos: las campañas electorales. El candidato que tenga tanto la mejor apariencia como el comportamiento persuasivo casi siempre gana.

. . .

Los antiguos griegos tenían un método de persuasión más directo. Un ciudadano griego podía contratar a un sofista para que le ayudará a aprender a argumentar. Los sofistas eran lectores y escritores itinerantes dedicados al conocimiento, se podría decir que eran los académicos del mundo antiguo. Los sofistas decían que la persuasión era una herramienta útil para descubrir la verdad. Ellos creían que el proceso de la discusión y el debate dejaría expuestas las malas ideas y permitiría que las buenas fueran reveladas. Aún sofista no le importaba particularmente en qué lado del problema estaba argumentando.

De hecho, los sofistas a veces cambiaban de lado a la mitad de un debate. Su objetivo establecido era un argumento razonado que expusiera la verdad. Ellos creían en el mercado libre de buenas ideas.

Eso no suena como nuestro mundo actual. Nosotros confiamos en el uso de las tácticas de persuasión y complicidad mucho más de lo que lo hacían los antiguos.

Pero el enfoque moderno de la persuasión raramente toma la forma de argumentos y debates bien razonados.

· · ·

Las personas persuasivas de la actualidad apelan a las masas por medio de la manipulación de símbolos y de nuestras emociones humanas más básicas para lograr sus cometidos.

Ya que la habilidad de persuadir y de resistir a la persuasión está directamente relacionada con el éxito que uno mismo tiene en la vida, uno creería que esto se enseña en escuela. Uno pensaría que las personas conocerían las técnicas de persuasión tan bien como conocen las letras del alfabeto, o como los diez mandamientos, o cómo realizar RCP. Pero ¿cuántos de nosotros podemos recitar diez principios de la persuasión? ¿Cuántos de nosotros podemos evaluar una situación y escoger la herramienta persuasiva adecuada para la tarea del momento?

¿Cuántos de nosotros somos siquiera conscientes de los cientos de veces que cada día somos influenciados por alguien más?

Haz lo siguiente: echa un vistazo a su gabinete de medicinas, a tu alacena o a tu garaje. Cada objeto que ves ahí es un trofeo de guerra, representa la victoria de una compañía sobre su competencia.

. . .

Por alguna razón, o quizás sin razón aparente, te convencieron de intercambiar tu dinero tan difícilmente ganado por su producto. ¿Exactamente cómo hicieron eso?

No te dejes engañar, hay una gran cantidad de accidentes influyentes operando en nuestra sociedad. Prosperan y existen en los pináculos del poder al hacer que tú pienses cosas y que tú hagas cosas que ellos quieren que pienses y hagas.

La mayoría de las personas no son conscientes de estas influencias o, cuando lo están, suelen sobreestimar bastante la cantidad de libertad que tienen para tomar decisiones. Pero el agente de influencias exitoso sabe que, si puede manejar la situación y elegir la técnica correcta, tu respuesta a esta técnica será tan confiable como los resortes de una trampa para ratones.

Métodos de persuasión

La meta final de la persuasión es convencer al objetivo de que internalice el argumento persuasivo y que adopte una nueva actitud como parte de su sistema de creencias principales. A continuación, explicaremos unos cuantos métodos de persuasión altamente efectivos.

Otros métodos implican el uso de recompensas, castigos, habilidad positiva o negativa y muchas otras.

Crear una necesidad

Un método de persuasión involucra crear una necesidad o una atracción a una necesidad ya existente. Este tipo de persuasión apela a las necesidades fundamentales de una persona de refugio, amor, autoestima y actualización. Los publicistas suelen usar esta estrategia para vender sus productos. Considera, por ejemplo, la cantidad de publicidad que sugiere que las personas necesitan comprar un producto en particular para lograr ser felices, estar a salvo, ser amados o ser admirados.

Apelar a las necesidades sociales

Otro método persuasivo bastante efectivo se refiere al deseo de ser popular, prestigioso o similar a los demás. Los comerciales de televisión proporcionan muchos ejemplos de este tipo de persuasión, comerciales en los que se fomenta a los televidentes al comprar ciertos artículos para que puedan ser como todos los demás o como una persona famosa o muy respetada.

· · ·

La publicidad televisiva es una gran fuente de exposición a la persuasión considerando que algunas estimaciones dicen que la persona promedio mira la televisión entre 1500 a 2000 horas al año.

Usar palabras o imágenes significativas

La persuasión también suele usar palabras e imágenes con significados profundos. Los publicistas están al tanto del poder de las palabras positivas, razón por la cual muchos comerciales utilizan frases como "nuevo y mejorado" o "totalmente natural".

Comenzar de a poco

Otro método que suele ser efectivo en hacer que las personas accedan con una petición se conoce como la técnica piramidal. Esta estrategia de persuasión significa hacer que una persona acceda a una pequeña petición, como pedirle que compre algo pequeño, y enseguida hacer una petición mucho más grande. Al lograr que la persona acceda al pequeño favor inicial, el vendedor ya ha subido el primer escalón, haciendo que el individuo esté más susceptible a aceptar una petición más grande.

. . .

Por ejemplo, que una vecina te pida que cuides a sus hijos por una hora o dos. Una vez que accedas a esta pequeña petición, ella entonces te pregunta si puedes cuidar a los niños el resto del día.

Ya que has accedido a una pequeña petición, tal vez tengas un sentido de obligación de también acceder a la petición más grande. Este es un gran ejemplo de lo que los psicólogos llaman la regla del compromiso, los publicistas suelen usar esta estrategia para hacer que los consumidores compren productos y servicios.

Empezar grande y luego pasar a lo pequeño

Este método es el opuesto a al anterior. Un vendedor comienza haciendo un pedido muy grande, a veces poco realista. El individuo responde de forma negativa y se rehúsa a algo tan extremo. El vendedor responde al hacer un pedido mucho más pequeño, lo cual suele parecer una conciliación. Las personas suelen sentirse obligadas a responder a estas ofertas. Ya que se han rehusado a la petición inicial, las personas suelen sentirse obligadas a ayudar al vendedor al aceptar la petición pequeña.

Utilizar el poder de la reciprocidad

Cuando las personas te hacen un favor, es probable que sientas y la obligación casi abrumadora de devolver un favor similar. A esto se le conoce como la norma de la reciprocidad, la obligación social de hacer algo por alguien más porque ellos hicieron primero algo por ti. Los mercadólogos pueden utilizar esta tendencia al hacer que parezca que ellos te están haciendo un favor, lo cual incluye productos adicionales o descuentos, lo que entonces obliga a la persona a aceptar la oferta y realizar la compra.

Crear un anclaje para tus negociaciones

La parcialidad anclada es una parcialidad cognitiva sutil que puede tener una influencia poderosa en las negociaciones y en las decisiones. Cuando intentas llegar a una decisión, la primera oferta tiene la tendencia de volverse un punto de anclaje para futuras negociaciones. Así que si estás intentando negociar un aumento de sueldo, si eres la primera persona en sugerir una cifra, especialmente si esa cifra es grande, eso puede ayudar a influenciar las siguientes negociaciones a tu favor. Esa primera cifra se volverá el punto de inicio. Aunque puede ser que no llegues a esa cantidad, empezar con un número alto puede llevar a una oferta más grande por parte de tu jefe.

. . .

Limitar su disponibilidad

El psicólogo Robert Cialdini propuso seis principios de influencia. Uno de los principios clave es que este psicólogo identificó se conoce como éste haces o limitar la disponibilidad de algo. Esto significa que las cosas se vuelven más atractivas cuando son escasas o limitadas. Es más probable que las personas quieran comprar algo si saben que es el último que hay o que la oferta terminará pronto. Por ejemplo, un artista puede hacer una producción limitada de una obra en particular. Ya que sólo hay unas cuantas reproducciones disponibles a la venta, es probable que las personas quieran comprar una antes de que se acaben.

Debes invertir algo de tu tiempo en darte cuenta de los mensajes persuasivos. Todos los ejemplos anteriores son unas pocas de las tantas técnicas de persuasión descritas por los psicólogos sociales. Guste ejemplos de persuasión en tu vida diaria. Un experimento interesante es ver la televisión durante media hora y darte cuenta de cada vez que haya publicidad persuasiva. Tal vez te sorprenda la enorme cantidad de técnicas persuasivas que se usan en un periodo de tiempo tan breve.

7

Engaño

¿POR QUÉ EL ENGAÑO?

El engaño se refiere al acto (grande o pequeño, cruel o benevolente) de hacer que alguien crea algo que no es verdad. Incluso la persona más honesta utiliza el engaño. Varios estudios demuestran que la persona promedio miente varias veces al día. Algunas de esas mentiras son grandes ("Nunca te he traicionado"), pero, por lo general, son pequeñas mentiras ("Te ves bien con ese vestido") que se dicen para evitar situaciones incómodas o para no herir los sentimientos de alguien.

El engaño no siempre es acto abierto y directo.

$$\cdot \quad \cdot \quad \cdot$$

También están las mentiras que se dicen las personas a sí mismas por razones que van desde mantener una autoestima saludable hasta alucinaciones serias que están más allá de su control. Aunque se suele pensar que mentirse a uno mismo es perjudicial, algunos expertos dicen que hay ciertos tipos de autoengaño que pueden tener un efecto positivo en el bienestar general, como creer que uno puede lograr una meta difícil incluso si la evidencia existente dice lo contrario.

Los investigadores han investigado por mucho tiempo las maneras de detectar definitivamente cuando alguien está mintiendo. Una de las más conocidas es la prueba del polígrafo, ésta ha sido controversial por mucho tiempo y de evidencia sugiere que aquellas personas con trastornos psiquiátricos, como el desorden de personalidad antisocial, no pueden ser medidos con precisión por el polígrafo o por otros métodos de detección de mentiras que suelen usarse.

¿Las mentiras tienen un propósito funcional en la vida? A pesar de lo que te digan tus padres, los psicólogos piensan que, en algunas situaciones, decir toda la verdad de hecho puede resultar contraproducente. Y no sólo eso, sino que los investigadores demuestran que mentir es más común de lo que crees.

· · ·

Un estudio conducido por la Dr. Bella DePaulo descubrió que las personas suelen mentir dos veces al día en el medio. Durante toda una semana, la persona promedio dice una mentira a una de cada tres personas con las que habla cara a cara. Te guste o no, hemos creado un mundo en el que decir la verdad no siempre es lo mejor. Las mentiras en verdad pueden hacer más fácil que te relaciones con las personas a tu alrededor, según la evidencia de los resultados de un estudio que demuestra que las personas suelen mentir por el bien de los demás.

En este estudio se descubrió que es bastante común que las personas mientan con el propósito de hacer que otras personas se sientan cómodas. Las mujeres hacen esto o más que los hombres, quienes se descubrió que mienten más para mejorar su propia reputación. De hecho, una conversación entre dos hombres suele incluir ocho veces más una mentira sobre ellos mismos que cualquier otra cosa.

Incluso las personas a las que les dicen pequeñas mentiras blancas se benefician de esas mentiras. Un estudio publicado en abril del 2012 demostró que las personas a las que les mentían luego eran tratadas con más amabilidad y generosidad.

. . .

No se trata de que no sepamos que estamos mintiendo; lo sabemos y muchas veces nos sentimos lo suficientemente mal como para dejar que después tenga influencia en nuestra conducta futura.

La facilidad con la que podemos engañarnos unos a otros y la prevalencia de las mentiras hacen que la deshonestidad sea un elemento de nuestra sociedad que no debe ser ignorado y que no va a desaparecer pronto. Falta averiguar si la mayoría de las personas que mienten tienen más éxito. Parece que las ganancias personales no son la motivación para la mayoría de las mentiras, y que las mentiras repetitivas ciertamente regresan para atormentarte en tu vida profesional y personal. En vez de esto, la evidencia demuestra lo mucho que mentimos más para ayudar a otras personas y para hacer que todos se lleven bien, y no para que uno mismo tenga la ventaja.

A nadie le gusta que lo engañen, y cuando se descubre a una figura pública mintiendo, se puede volver un gran escándalo. Pero mientras que muchas personas se enorgullecen de su escrupulosa honestidad e intentan distanciarse de los individuos que están más cómodos con las mentiras, la realidad es que todo el mundo miente por una gran variedad de razones.

· · ·

De hecho, algunos expertos sugieren que cierta cantidad de engaño puede ser necesaria para mantener una sociedad saludable y funcional. Este estudio del engaño fue alguna vez el tema de los teólogos y los eticistas (quienes se dedican a la ética) pero, más recientemente, los psicólogos han dirigido su atención a las razones del porqué las personas mienten y las condiciones que hacen que sea más probable que lo hagan.

Estudios de caso

¿Las personas que comen carne son más egoístas que los vegetarianos? ¿Las situaciones caóticas promueven los estereotipos? ¿Nos sentimos más inteligentes cuando nuestros allegados ganan premios? Estas y otras preguntas interesantes han sido investigadas por el estudio del prominente psicólogo holandés Diederik Stapel. Justo quince años después de haber recibido su doctorado con honores en 1997, Stapel había publicado 130 artículos científicos, había recibido el premio de trayectoria académica por parte de la Sociedad de Psicología Social Experimental y se había vuelto el decano de la facultad en su universidad. Sin embargo, en 2011 se empezó a hacer evidente para sus estudiantes que sólo había un problema con su investigación: estaba inventando la información.

. . .

Una investigación hecha por su universidad reveló que Stapel había inventado información para no menos de 55 de sus artículos. Esto llevó a que muchas revistas científicas importantes se retractaran de sus reconocimientos.

Desde entonces, Stapel se ha disculpado públicamente con sus colegas y estudiantes. También publicó sus memorias, en las cuales habla de su descenso personal hasta la mala conducta científica. Compañeros psicólogos han descrito sus memorias como "invaluables y reveladoras", en especial su último capítulo "inesperadamente hermoso", aunque también mencionaron que está repleto de oraciones plagiadas de las obras de Raymond Carver y James Joyce.

¿Cómo pudo suceder que un psicólogo reconocido internacionalmente, un hombre cuyo trabajo fue publicado en el New York Times quedó envuelto en tal red de engaños?

La mayoría de nosotros querríamos suponer la presencia del engaño en el campo científico, como es la psicología, es una casualidad, el trabajo de un solo investigador en los bordes de la disciplina. Sin embargo, la verdadera raíz del problema es muy profunda y está ampliamente extendida.

· · ·

El problema llega hasta el núcleo de la psicología contemporánea: el engaño ha sido aceptado por muchos investigadores psicológicos como un mal necesario en la búsqueda de la verdad.

Considera el siguiente caso.

Berta es una estudiante de segundo año en la carrera de psicología en una universidad de investigación de una gran ciudad. Como requisito para su clase de psicología introductoria, ella se ha ofrecido como voluntaria para un estudio que examina la diferencia que se da entre la comunicación que se realiza en línea y la que se realiza en persona. Un par de estudiantes graduados vestidos con batas blancas de laboratorio la conducen hasta un pequeño cubículo, en el que ella lee un breve artículo sobre la historia de la medicina y luego habla de eso con alguien en una sala de chat, persona que le dijeron que era otro estudiante. Ella estuvo sorprendida cuando su compañero de chat expresó incredulidad respecto a los logros de un investigador afroamericano, pero ella no le dio importancia y terminó con su tarea. Después, un tercer estudiante graduado la llevó a un cuarto diferente y le dijo que, de hecho, este era un estudio sobre el racismo contemporáneo. Entonces, Berta recordó que los otros graduados hicieron comentarios casualmente despectivos sobre otro estudiante, que también era afroamericano.

El estudiante del interrogatorio le dio a Berta unos artículos sobre los procedimientos y objetivos del estudio para que los leyera y luego la dejó ir. Al reflexionar sobre la experiencia, Berta sintió decepción y arrepentimiento. ¿Por qué la habían engañado?

Existe algo profundamente problemático sobre usar el engaño para encontrar la verdad. Aun así el engaño ha jugado un papel muy importante, y muchos dirían que integral, en las investigaciones psicológicas por más de un siglo. Un participante que se involucra en estudios de investigación suele ser engañado respecto al verdadero propósito, a las respuestas que los investigadores realmente están analizando y a la verdadera identidad de los otros "sujetos de prueba". En algunos casos, a los participantes ni siquiera se les informa que están involucrados en un estudio de investigación. ¿Cómo se desarrolló la tradición del engaño en la investigación psicológica, en qué punto estamos ahora, y cuáles son los problemas con su uso actual?

Se pueden ofrecer muchas justificaciones para el engaño.

Una es que el engaño está en todo lo que nos rodea, permeando en las áreas como la publicidad y la política.

·　·　·

Proponentes sugieren que no hay una razón para tener a los investigadores psicológicos en estándares más altos.

Otro argumento es que los sujetos de estudio en realidad no reciben un daño. Se pueden herir los sentimientos, pero a nadie se le está pidiendo que done sangre o que sacrifique un cordero bajo falsas pretensiones. El argumento más frecuente es que la mayoría de las investigaciones serían imposibles sin el engaño. Así como los médicos revisan la frecuencia respiratoria sin llamar la atención del paciente sobre su propia respiración, los psicólogos también necesitan observar el comportamiento cuando el sujeto no lo sabe. El engaño es racionalizado como la única manera de reproducir el comportamiento natural en el laboratorio de pruebas.

Después de las primeras dos terceras partes del siglo XX, el engaño se volvió algo básico en la investigación psicológica. De acuerdo con la historia reciente del engaño en la psicología social, antes de 1950 solamente el 10% de los artículos en las revistas de psicología social involucraban métodos engañosos. Para los años setentas, el uso del engaño había llegado al 50% y, en algunas revistas, la cifra llegaba a los dos tercios de los estudios.

· · ·

Esto significa que los sujetos en los experimentos de psicología social (al menos aquellos estudios que sobrevivieron al al proceso de revisión y lograron publicarse) tenían más del 50% de probabilidad de que la verdad no estuviera de su parte, que decían cosas que no eran verdad o que eran manipuladores de maneras ocultas.

Los proponentes del engaño alegan que están usando pequeñas mentiras para llegar a descubrir grandes verdades. Muchos ser sujetos no objetaron al respecto, y defensas sofisticadamente éticas de la práctica se proporcionaron al instante. En un mundo perfecto, tal vez, el engaño sería evitado de manera escrupulosa, pero nuestro mundo no es perfecto, así que los proponentes alegan que se deben llegar a ciertos acuerdos. Ellos admiten que, por supuesto, los investigadores deberían hacer lo mejor que puedan para evitar el engaño cuando sea posible, utilizándolo únicamente como último recurso. En algunos casos puede ser posible que se desarrollen metodologías alternativas que no lo requieran. Sin embargo, al final, el engaño es una herramienta indispensable en la búsqueda del conocimiento.

La Asociación Americana de Psicología (APA) apoya explícitamente el argumento de que la deshonestidad es necesaria en el progreso científico.

. . .

La idea de que el fin justifica los medios es aparente en los principios éticos de la psicología y el código de conducta de la APA, el cual se dice más o menos lo siguiente: los psicólogos no deben conducir un estudio que involucre el engaño a menos que hayan determinado que el uso de las técnicas engañosas es justificado por la significancia del estudio con miras científicas, educativas o de valor aplicable y que las alternativas no engañosas efectivas no son factibles. Además, el código de la APA prohíbe explícitamente el uso del engaño en la investigación que se espera razonablemente que cause "dolor físico o malestar emocional severo". La implicación parece significar que el engaño por sí mismo no es dañino u objetable.

A la psicología eres una de las principales carreras que se estudian en Estados Unidos de América,con cerca de 90 mil estudiantes desde mediados de los años 2000. Actitudes permisivas respecto al engaño permean muchos de los cursos introductorios de psicología. Para recibir una calificación aprobatoria, se les suele requerir a los estudiantes que sirvan como sujetos de experimentos en varios estudios psicológicos, como los mencionados anteriormente. Al inicio, muchos estudiantes no tienen idea de que han sido engañados por los investigadores, maestros y compañeros. Conforme avanzaba la carrera, ellos aprenden que muchos de los experimentos psicológicos más conocidos del siglo XX estaban basados en engaños, de una u otra manera.

Para el final del semestre, los estudiantes pueden llegar a estar convencidos de que el engaño es una técnica legítima.

Supongamos que un estudiante de la carrera de psicología va de viaje a casa para visitar a su familia durante las vacaciones. Durante su visita, un amigo plantea una pregunta que el estudiante preferiría no responder de forma honesta por tal o cual razón. Ya que le han dicho los profesores y los autores de los libros de texto que el engaño puede estar justificado por el bien de un fin mayor, ¿podría ser que ese estudiante tiene más probabilidades de retener información, proporcionar información falsa o distorsionar la verdad? Después de todo, si el engaño es permitido en los experimentos científicos en la búsqueda de la verdad, ¿por qué debería ser prohibido en el contexto de las relaciones cotidianas? ¿dónde está el daño en una pequeña mentira?

Considera la interacción entre un vendedor de carros usados y un cliente. ¿Acaso el comprador debería confiar ciegamente en todo lo que le dice el vendedor? Por supuesto que no. Pero ¿El mismo principio aplica en los terrenos de la investigación y del aprendizaje académico?

. . .

El comprador precavido puede ser la norma en el ambiente del comercio, pero que los investigadores y los sujetos de experimentos tengan cuidado no parece ser algo muy popular en el área académica y de investigación. La práctica del engaño en la investigación perjudica la relación entre las ciencias y la comunidad que estudia.

Entre más sospechen los objetos de la investigación, menos valor científico tendrá su participación. Entre más esperemos ser engañados, menos auténticas serán nuestras respuestas respecto a lo que realmente pensamos y sentimos.

Aun así, el efecto del engaño en la investigación no es ni siquiera el asunto más importante que está en juego. La preocupación fundamental es que es, en última instancia, la forma de ser de toda nuestra cultura. Se confía demasiado en los científicos. Ya que tales figuras en las que se confía tanto resultan estar involucradas en el engaño, la confianza en ellas, y quizás en todo lo demás, termina por disminuir inevitablemente. El engaño en las investigaciones psicológicas socava la noción de que podemos esperar honestidad de aquellos a los que se les ha confiado la búsqueda de la verdad.

· · ·

El engaño, así como decir la verdad, se puede volver un hábito. Entre más veces nos involucremos en la deshonestidad, se vuelve más fácil y más natural. ¿Realmente creemos que los engaños y las mentiras pueden estar contenidos a salvo en un laboratorio? ¿Estamos listos para sacrificar el estándar de la veracidad y el hábito de la honestidad por el bien de una concepción severamente pervertida del progreso científico? Debemos aceptar que el engaño permitido en las ciencias es inherentemente incompatible con la búsqueda de la verdad.

8

Formas de protegerte de la manipulación emocional

Todos disfrutamos de perseguir al sexo opuesto de vez en cuando, hombres y mujeres por igual. Es algo divertido de hacer de vez en cuando, siempre y cuando seamos honestos al respecto y tengamos en cuenta que no tiene nada que ver con el amor. Esto debe ser así porque la persecución, el juego, la conquista, es manipulación y el amor no puede ser manipulado. No encontramos al amor, el amor nos encuentra a nosotros. Respectivamente deberíamos tratar una relación amorosa como algo sagrado.

Por desgracia, demasiadas personas creen en la manipulación, tanto en las relaciones personales como en los negocios. Hace tiempo leí algo que se quedó grabado en mi subconsciente: si te puedes alinear a ti mismo con el cosmos, el éxito llega fácilmente.

. . .

¿Qué tiene que ver esto con el tema? Significar que al final del día la manipulación es inútil. Las manipulaciones pueden ayudar a tener una ventaja a corto plazo, pero a la larga inevitablemente tendrán repercusiones, porque el cosmos se opone a las manipulaciones. Pero si en vez de eso nos alineamos con el flujo cósmico, estaremos en el camino correcto para llegar a nuestra meta, más o menos sin esfuerzo. Si crees que esto es demasiado bueno para ser verdad, considera que cada uno de nosotros juega un papel en el juego cósmico. Sólo tenemos que conocer nuestro papel en el esquema de las cosas y dejar que las cosas sucedan cómo deben ser. Por supuesto, esto significa rendirse a muchos deseos que no son parte de nuestro papel; sin embargo, nuestro propósito cósmico suele resultar mucho más grandioso que nuestros objetivos pequeños y egoístas.

Dicho esto, aun así necesitamos protegernos de las manipulaciones infantiles de otras personas, incluso de aquellos que son cercanos a nosotros. No te tomes esto a la ligera, la manipulación emocional es dolorosa y puede dejar cicatrices muy profundas en la mente y en el alma de las personas. Una vez que te encuentras en una situación manipuladora es muy difícil salir de ella. Pero tampoco te tomes muy en serio este asunto, hacemos muchas cosas de forma subconsciente y es probable que tu pareja ni siquiera se dé cuenta de que está siendo manipuladora contigo.

Siempre van a existir las personas que intentarán afectar tu confianza, personas que intentarán sembrar semillas de duda dentro de ti. Estas personas harán lo mejor que puedan para manipularte para que creas que su opinión es un hecho objetivo. Esas personas te dirán que todas las personas del mundo piensan que eres arrogante, que estás loco o que no eres suficientemente bueno.

Luego te dirán lo preocupadas que están por ti, sobre cómo estás viviendo tu vida, gastando tu dinero, criando tus hijos y otras tantas cosas.

Si no cambias exactamente de la manera que ellos quieren que cambies, tu vida estará arruinada. Por eso quieren que les creas. La realidad es que estas personas no te quieren ayudar, ellas quieren controlarte. Ellas quieren cambiarte, no para mejorar tu vida, sino para validar sus vidas y evitar que los superes.

No te confundas. Las personas manipuladoras no están preocupadas por tus intereses. Ellas sólo se preocupan por sus intereses. Una vez que dejes entrar en tu vida a una persona manipuladora, puede ser extremadamente difícil deshacerse de ella. La clave es tener la confianza suficiente en ti mismo para darle la espalda a las personas manipuladoras en cuanto las reconoces.

Estas son unas estrategias para eliminar a las personas manipuladoras de tu vida:

No caigas en su trampa

Muchos de nosotros nos encontramos en situaciones en las que otras personas intentan controlar nuestras emociones, percepciones o comportamiento, y quieren aprovecharse para su propio beneficio. En una situación como éstas, no te sueles dar cuenta del verdadero motivo.

La persona te controla psicológicamente y caes en su trampa. Esta manipulación emocional a veces te cuesta demasiado cuando tomas una decisión importante bajo la influencia de otra persona y, después, te das cuenta cuando ya es demasiado tarde.

Cuando una relación suena demasiado bien para ser verdad, debes tener cuidado. Te llenan de amor, apreciación, cumplidos, elogios y afecto. Te sientes como si estuvieras viviendo en un sueño en el que todo parece perfecto. No te dan ni una razón para quejarte. Simplemente no encuentras ni una falla en esa persona. Incluso si, en ocasiones, algo sale mal, esa persona puede comenzar a llorar o se sentirá mal.

Incluso te puedes volver la víctima de un sexo intenso y tener la sensación de tener un romance del cuento de hadas.

El resultado es que cuando la relación realmente comienza a crear sentimientos de amor verdadero, de repente te empiezas a sentir ignorado. Recibes regalos, apreciación y cumplidos, pero sólo en raras ocasiones. Sientes como si estuvieras perdiendo tu toque o que esa persona tiene a alguien más en su vida. En el momento en el que te decides a seguir con tu vida y superarlo, obtienes un nuevo regalo de su parte. Se te hace difícil llegar a una decisión. En una situación como ésta, esa persona intenta tener el control sobre ti. Puede parecerte sorprendente, pero funciona en la mayoría de los casos. Incluso se vuelven más cercanos.

Después de unos cuantos refuerzos esporádicos, las personas suelen tener éxito al obtener el control sobre sus víctimas. Cuando te defiendes o exiges una explicación, esta persona puede dejar de comportarse de la misma manera. La razón es que cuando esa persona obtiene todo el control sobre ti, ya no necesitan el refuerzo espo-rádico. Los manipuladores tienen demasiadas caras y, de la misma manera, las pueden usar de muchas formas para lograr sus cometidos.

. . .

Esa persona puede hacer un compromiso y luego negarlo de tal forma que empiezas a dudar de tu propia percepción. Cuando te esfuerzas mucho para que recuerden su promesa, te hacen sentir culpable. Pueden usar una falsa compasión y estallar en lágrimas de cocodrilo.

Terminas confiando en esa persona eventualmente incluso dudas de si escuchaste bien aquella vez.

No puedes confiar en los rostros sonrientes que parecen confiados y poderosos. Las personas manipuladoras siempre tienen una preferencia para ayudarse a ellas mismas y es muy difícil que se preocupen por los sentimientos de la otra persona. Tienen el objetivo de buscar personas que las validen y que las hagan sentir incluso más superiores.

Mantente alejado siempre que sea posible

El comportamiento de un manipulador suele variar dependiendo de la situación en la que se encuentran. Por ejemplo, un manipulador puede hablar de forma grosera a una persona y actuar de forma educada con otra en el momento siguiente.

· · ·

Cuando notes frecuentemente tales extremos en un individuo, es recomendable mantenerse alejado de esa persona. No interactúes con este individuo, a menos que realmente tengas que hacerlo. Esto te protegerá de ser una víctima de su manipulación.

Una forma de detectar a un manipulador es ver si la persona actúa de formas diferentes frente a personas distintas en situaciones distintas. Mientras que todos tenemos cierto grado de este tipo de diferenciación social, algunos manipuladores psicológicos tienden a estar en los extremos de forma habitual, siendo muy amables con un individuo y completamente groseros con otro, totalmente indefensos en un momento y bastante agresivos al siguiente punto cuando se debes este tipo de comportamiento de forma constante en un individuo, mantén una distancia segura y evita involucrarte con esta persona a menos que realmente tengas que hacerlo. Como he mencionado antes, las razones para la manipulación psicológica crónica son bastante complejas y profundas.

No es tu trabajo cambiar o salvar a esas personas.

Existen ciertas situaciones en las que no puedes salir completamente de una relación, por lo general si esta persona es un padre o un miembro de tu familia.

A menos que la persona te esté causando un daño significativo o daño psicológico, es probable que no puedas simplemente alejarte. Primero necesitas reconocer por completo a esta persona por quien realmente es y, de acuerdo con esto, cambiar tus expectativas de la relación.

Si esta persona era alguien que querías que te validara, entonces tienes que dejar de buscar su aprobación.

Si era alguien que te daba consejos, reconoce que su consejo no es algo que necesites en tu vida. Si esa persona te sigue ofreciendo su consejo, puedes agradecerle y simplemente desecharlo en silencio.

Sé tan sutil como puedas cuando establezcas tus límites y no le digas a la otra persona que los estás poniendo.

Crear este cambio en tu lado de la relación va a requerir algo de energía y, además, cuando la otra persona se enoje durante este proceso, tendrás que lidiar con su reacción.

Al saber que esto te va a absorber un poco de energías, establece límites en el tiempo que pasas con esta persona.

Si has estado conviviendo con tu cuñada controladora cada sábado, reduce el tiempo a que sea sólo una vez al mes y planea una actividad después de tu reunión con ella para que esa salida tenga una hora final definitiva.

Llámale la atención por su comportamiento

Siempre es difícil confrontar a un manipulador, pero los manipuladores ocultos son los peores. Cuando se les confronta, ellos permanecerán como si nada e incluso rígidos e inflexibles.

Cuando empieces a darte cuenta de su lógica defectuosa, tal vez comiences a sentirte frustrado. Si continúas discutiendo con ellos, será difícil abstenerte de levantar la voz.

Comenzarás a parecer el irracional y tratarán de obtener el control otra vez basándose en la "madurez" de su calma.

Es tentador defenderte y tratar de hacer que la otra persona vea lo que realmente sucede.

· · ·

Pero, un verdadero manipulador no va a cambiar su tono, y entre más te rindas a la tentación de defenderte, ellos seguirán retorciendo tus palabras más y más. No pasará mucho tiempo antes de que te encuentres atrapado en una confusa red de mentiras y falsas percepciones. Si te encuentras en una situación con un verdadero manipulador, tus dos metas para cualquier enfrentamiento que ocurra deberían ser difundir y salir, ya sea que eso signifique dejar la conversación o dejar la amistad.

Evita los insultos, los argumentos, perder la calma, acusar a la otra persona de manipulación o ponerte demasiado emocional. Cuando hables, mantente apegado a los argumentos que sean verdaderos, objetivos y pacíficos. Existen varios aspectos en la confrontación con una persona manipuladora que requieren un alto nivel de paciencia, de madurez o de autodisciplina.

Tal vez no tengas el autocontrol para contestar sin perder la calma y hacer que empeore la situación. Si este es el caso, acepta esto de ti mismo y añade unos cuantos pasos adicionales para evitar una confrontación desagradable (por ejemplo, invitar a un mediador a la discusión o mandar un correo electrónico en vez de hablarlo en persona para que así tengas tiempo de pensar lo que dices).

. . .

Es bastante común que nos sintamos un poco ansiosos cuando lidiamos con una persona que pierde la calma.

En algunos casos, puede ayudarte un amigo que te apoye para que te sientas más cómodo en las que tengas muchas posibilidades de echarlo a perder. No importa qué tanto desees ser capaz de confrontarte a la otra persona por tu cuenta, a veces simplemente no eres capaz de hacerlo todavía. Si no aceptas sus limitantes, es probable que experimentes mucha ansiedad innecesaria por la decisión de actuar como alguien más fuerte que todavía no eres.

No desees ser mejor lidiando con las situaciones más de lo que ya eres. Siempre habrá personas que te critiquen por tus debilidades e intentarán hacer que parezca que sería más fácil para ti lidiar con la situación de lo que es actualmente. No compares tu reacción a una situación con la reacción de alguien más.

Ignora todo lo que dicen y hacen

Las personas manipuladoras están hechas para ser ignoradas.

. . .

Estas personas cambian de opinión constantemente sobre los problemas, son escurridizos cuando intentas hacer los responsables, te prometen una ayuda que nunca llega, te hacen sentir culpable constantemente: todo lo que no quieres en una persona.

Cuando estés lidiando con una persona manipuladora, el peor error que puedes hacer es tratar de corregirla. Al intentar corregir la, te hundes más y más en su trampa.

Las personas manipuladoras usan la frustración y la confusión para hacer que entres en conflicto. Quieren que te pongas emocional para ver cuáles son las cosas que te molestan y cómo reaccionas. Una vez que conocen las cosas que te provocan, las van a usar para influenciar tus acciones.

Una mejor estrategia es ignorar completamente a esas personas.

Simplemente borra las de tu vida. Si no la puedes eliminar de inmediato, en el caso de que sea un jefe, un compañero de trabajo o un miembro de tu familia, dile que sí a todo lo que digan y luego, de todos modos, haz las cosas a tu manera.

Golpea donde más les duele

Las personas manipuladoras constantemente están usando sus propias estrategias en tu contra. Se volverán amigas de tus amigos y los pondrán en tu contra. Te tentarán con alguna pequeña recompensa y harán que la persigas continuamente, cada vez que te acerques a ella, la alejaran un poco más. Te recordarán los hechos pasados y te los recriminarán una y otra vez.

Ya no dejes que las personas manipuladoras usen sus estrategias en tu contra. Es hora de cambiar el juego.

Crea una estrategia propia y golpea donde más les duele.

Si estás obligado a lidiar con una persona manipuladora que sigue haciendo de tu vida un infierno, no importa cuánto intentes ignorarla, sólo te queda una opción: encuentra su punto débil y ataca. Este punto débil puede ser los amigos de la persona manipuladora, sus seguidores o sus subordinados. Puede ser una habilidad muy desarrollada o un entendimiento avanzado de un tema en particular. Puede ser un recurso en particular del cual tienen el control.

. . .

De cualquier manera, encuentra cuál es su punto débil y utilízalo a tu favor. Vuélvete aliado de las personas cercanas al manipulador, recluta personas con sus mismas habilidades y conocimientos para poder reemplazarlo, o quítale su preciado recurso. Esto hará que se desubique y obligará a que el manipulador se concentre en controlar su propia vida y no la tuya.

Confía en tu propio juicio

Tú sabes qué es lo mejor para tu vida mejor que nadie más. Demasiadas personas van por la vida pidiendo la opinión de los demás sobre cualquier cosa. Qué hacer con su vida, en qué soy bueno, quién soy yo, etc.

Deja de esperar que las otras personas se definan. Tienes que ser tú quien se defina a sí mismo. Confía en ti. Lo que separa a los ganadores de los perdedores no es la habilidad de escuchar las creencias de las otras personas, sino que es la habilidad de escuchar las creencias de uno mismo. Al establecer tus propias creencias y aferrarte fuertemente a ellas, estás evitando que las personas manipuladoras afecten tu vida. De esta manera, tus creencias servirán como una barrera que mantiene a los manipuladores lejos de tu vida.

· · ·

Intenta no encajar

Debes seguir reinventándote a ti mismo. La idea de que la consistencia es virtuosa o que está relacionada al éxito es una creencia falsa. Las personas manipuladoras quieren que seas consistente para que puedan contar contigo y seguir adelante con sus objetivos. Quieren que te presentes cada día a las 9 a.m. para trabajar para ellos a cambio del salario mínimo. Quieren que llegues a tiempo a la casa para limpiar y hacer que se sientan bien consigo mismos.

Las líneas de ensamblaje son consistentes. La prisión es consistente. La consistencia es la manera en la que los manipuladores te mantienen encerrado en una caja. Es la forma en la que te controlan. La única manera de evitar que te manipulen es enfrentarte activamente en contra de todas las limitaciones que otras personas intentan imponerte.

Deja de intentar encajar. Mejor esfuérzate por sobresalir. Intenta ser diferente en todo lo que puedas y nunca permanezcas de la misma manera por mucho tiempo. El crecimiento personal, por definición, requiere la falta de consistencia. Requiere un cambio constante para mejor, reinvención constante.

Deja de renunciar a ti mismo

La culpa es una emoción inútil, pero es una herramienta poderosa. La culpa es una de las armas que las personas manipuladoras usan en tu contra (como habrás podido leer en capítulos anteriores). Estas personas intentan hacer que te sientas culpable por fracasos pasados y por pequeños errores, o intentarán hacerte sentir culpable por ser orgulloso y tener confianza. Todo el tiempo que pases sintiendo que estás feliz o seguro de ti mismo, esas personas lo usarán en tu contra. Ellos te dirán que nadie debería sentirse tan bien sobre sí mismo.

Otra arma que usan los manipuladores en tu contra es la duda. Ellos se esfuerzan por hacer que dudes de ti mismo, que dudes de tus habilidades y tu valor (que, como habrás leído antes, esto evitará que actúes en su contra) su objetivo general es que pierdas tu balance y hacer que siempre dudes de ti mismo. Los manipuladores ganan poder en este estado de incertidumbre. Su influencia se vuelve más fuerte diez mucho más probable que te convenzan de que renuncies a tus valores, a tus metas y a ti mismo.

La solución es muy sencilla: deja de sentirte culpable, deja de dudar de ti mismo.

Cuando se trata de tu propia vida, no le debes nada a nadie. Mereces sentirte bien respecto a ti mismo y estar orgulloso de tus logros. Mereces sentir mucha confianza y creer en lo que estás haciendo. Renunciar a cualquiera de estas cosas no es algo moral o sabio. Más bien, es el camino a la autodestrucción.

Nunca pidas permiso

Es mucho más fácil pedir perdón que pedir permiso. El problema es que hemos sido entrenados para pedir permiso constantemente. De niños, debíamos suplicar por cualquier cosa que quisiéramos, que nos alimentaran, que nos cambiaran e incluso para dormir. Durante la escuela, teníamos que pedir permiso para ir al baño, teníamos que esperar a la hora designada para poder comer, y teníamos que esperar nuestro turno para jugar con los juguetes.

Como resultado, la mayoría de las personas nunca dejan de pedir permiso.

Los empleados de todo el mundo esperan ser ascendidos y esperan su turno para hablar.

. . .

La mayoría están tan acostumbrados a ser molestados que se sientan en silencio durante las reuniones, aterrorizados de hablar cuando no es su turno o incluso de alzar la mano. Existe otra manera de vivir.

¿Qué pasaría si hiciera todo lo que quisieras cuando decidas hacerlo? ¿Qué pasaría si dejas de estar tan preocupado todo el tiempo con la amabilidad y hacer que otros se sientan cómodos? ¿Qué pasaría si, en lugar de todo eso, vivieras tu vida exactamente de la manera en la que quieren vivirla? Todas estas son cosas que puedes hacer en cualquier momento.

Las personas manipuladoras quieren que te sientas retenido por alguna regla o ideal imaginario que diga que no puedes actuar libremente sin antes consultar con una figura autoritaria o con algún grupo de personas con poder. La verdad es que puedes deshacerte de esta sensación de confinamiento en cualquier momento. Puedes comenzar a vivir tu vida de forma totalmente diferente a la que has vivido hasta ahora. Sólo depende de tu decisión.

Crea un sentido de propósito más grande

. . .

Las personas que se dejan guiar por el destino no son engañadas fácilmente. La razón por la que los manipuladores siguen abundando en este mundo es porque muchas personas viven sin un propósito. Cuando tu vida carece de un propósito, creerás en cualquier cosa, harás cualquier cosa, porque nada importa realmente.

Las personas que no tienen un propósito simplemente están matando el tiempo. No hay una razón detrás de la forma en la que están viviendo sus vidas. Ellas no saben a dónde se dirigen o por qué están ahí. Así que, para evitar volverse loca, estas personas trabajan en trabajos sin sentido y llenas sus cerebros de chismes, programas malos de televisión y otras formas inútiles de información. Se mantienen ocupados para evitar sentir el vacío desesperado creciendo dentro de ellos. Este vacío y trabajo les da poder a las personas manipuladoras.

Si estás distraído constantemente, consumiendo contenido inútil todo el tiempo tratando de mantenerte ocupado a cada rato, eres un tonto. Los manipuladores controlan a las personas sin propósito al venderles información inútil y actividades. La única manera de escapar a este destino es desarrollar un sentido de destino. Al tener un objetivo se destruye la distracción. Cuando sabes a dónde te diriges, los manipuladores no pueden lastimarte.

· · ·

No pueden distraerte o llevarte por el mal camino.

Sigue aprovechando nuevas oportunidades

El mundo quiere que concentres todos tus esfuerzos en una sola cosa. Todos y todo lo que está a tu alrededor te dice que te encierres con una hipoteca, el pago de un auto, una relación estable, un trabajo en una sola oficina, etc. Quieren que te quedes amarrado a una sola oportunidad por el resto de tu vida.

En la actualidad, ser ambicioso suele ser menospreciado.

Mantenerse en busca de algo nuevo se suele considerar como una señal de debilidad. ¿Por qué no puedes estar satisfecho con lo que tienes? ¿por qué eres tan ambicioso? Esto es lo que te preguntarán las personas manipuladoras cuando expreses tu deseo de algo más. Te llamarán arrogante, egoísta y orgulloso. También te harán sentir como si fueras una persona fría y extraña, inhumana y sin corazón. Quieren que te mantengas dependiente de ellos y del sistema que controlan.

. . .

La única manera de mantenerte independiente es constantemente buscar y crear nuevas oportunidades. Sigue buscando nuevos trabajos, sigue comenzando nuevos negocios, sigue creando nuevas relaciones y sigue buscando nuevas experiencias.

Deja de comportarte como un bebé

Si alguien te engaña una vez, qué vergüenza por ellos. Si alguien te engaña 10 veces, eres un idiota. Ya no dejes que los manipuladores te dejen en ridículo. Deja de ser su juguete. Nadie se siente mal por ti y simplemente te estás exponiendo a la vergüenza. Debes tener la suficiente autoconciencia y respeto por ti mismo para decirle que no a las personas manipuladoras.

No puedes simplemente caminar por la vida echándole la culpa de tus problemas a otras personas. Campo, puedes caminar por la vida siendo ignorante de las personas que intentan manipularte. Sí, claro que existen las personas negativas y manipuladoras. Y sí, también estas personas intentarán usarte para su beneficio. Pero eso no significa que te puedes permitir cometer el mismo error y que te dejes usar.

. . .

Nadie te puede manipular sin tu permiso. Eres responsable de tu propio éxito y de tus propios fracasos. Si otros te superan en destreza o en estrategia, es tu culpa, no la de ellos. Sé responsable. Aprende de tus errores. No sigas confiando en la misma persona engañosa una y otra vez.

Sácala de tu vida y que no vuelva jamás. Rodéate de personas que tengan una mentalidad similar a la tuya y que no vayan a utilizarte.

Apuesta por ti mismo

Aprovecha una oportunidad en eso que puedes controlar en tu vida: tú mismo. Cuando llega la ocasión de tomar decisiones difíciles, muchas personas se limitan a sí mismas al considerar nada más los factores externos.

Consideran las consecuencias financieras y relacionales de la situación, pero fracasan al considerar los efectos que sus decisiones tendrán en su felicidad personal y en su sentido de valor propio. Como resultado, se arriesgan con otras personas cuando deberían apostar por ellas mismas.

Y luego se preguntan por qué son miserables.

Cuando sólo aprovechas la oportunidad de otras personas y cosas, te pones a la disposición de aquellas personas y cosas. Esto te hace vulnerable y fácil de manipular. En vez de eso, deberías arriesgarte contigo mismo. En cualquier situación difícil a la que tengas que enfrentarte, no hagas preguntas como "¿quién es la mejor persona que puede ayudarme?" o "¿qué opción es la más probable para llegar al éxito?". Mejor pregunta "¿qué es lo que más quiero hacer?" Y luego ve y hazlo.

Por ejemplo, si te enfrentas con la oportunidad de empezar tu propio negocio o mantenerte trabajando en el mismo puesto o sin futuro, no digas que quieres ese puesto sólo porque la paga es un poco buena. No te quedes sólo porque las relaciones no son tan malas. Cuando haces esto, te estás concentrando en los factores externos. Esto siempre es un error. Una mejor estrategia es apostar por ti mismo. Nunca te arrepentirás de confiar en ti mismo. Seguro, tendrás que aceptar toda la responsabilidad de cualquier error que cometas. Y claro que tendrás que tenerte a ti mismo en un estándar más alto.

Pero también serás completamente responsable de tus propias victorias. Seguirás creciendo y logrando alcanzar niveles de éxito más y más altos.

. . .

Evita un vínculo emocional con ellos

Con un manipulador, cualquier cosa que hagas es incorrecta. Todas las peleas que han tenido son tu culpa. Ser manipulado creará un caos en tus emociones. Pasarás de estar llorando a sentirte enojado, a sentirte culpable y como un inútil en cuestión de segundos. Luego te sentirás arrepentido de que no te defendiste a ti mismo. Te sientes avergonzado de que dejaste que te pisotearan una vez más. Una vez que dejes al manipulador, tus emociones estarán más estables.

La vida es un viaje de aventuras. En el camino, muchas personas te harán compañía por un periodo de tiempo determinado en diferentes etapas y luego seguirán jugando su papel en nuestras vidas. No hay un problema con el ir y venir de las personas, sino con las dificultades que surgen cuando te involucras emocionalmente con las personas y te sientes desamparado, tenso y preocupado cuando la relación termina, en especial con un manipulador emocional. Por lo tanto, si quieres mantenerte feliz y lograr avanzar en tu vida, entonces necesitas superar el apego emocional lo más pronto posible.

No hay duda de que algunas personas se vuelven la fuerza vital para que te muevas al camino elegido.

Pero debes tener mucho cuidado de no distraerte cuando te separes de esas personas. Necesitas usar las relaciones de forma juiciosa. Apégate a las personas con una perspectiva no involucrada y cuídalas para crear una atmósfera de confianza. Sin embargo, no debes depender de estas personas para crecer y detener tu vida cuando las dejes ir de tu vida porque son manipuladoras, ya que otras relaciones te están esperando en tu camino hacia tu meta. Necesitas volver a enfocarte en tu viaje y dejar atrás los recuerdos del pasado.

Lidiar con los apegos emocionales es un reto para nuestra madurez y para la seriedad de nuestro viaje en el camino elegido.

Disfrutar del momento que pasas con las personas.

Aprende de ellas, ámalas y cuídalas, pero no dejes que se vuelvan indispensables para seguir avanzando.La mayoría de las veces, las personas suelen tener miedo de perder a alguien debido a su incapacidad de seguir adelante en la vida estando solas. Así que, si te atreves a caminar solo, ya no necesitas superar el apego emocional nunca más porque estás preparado para dejar ir y aceptar a nuevas personas.

. . .

Medita a menudo

Si te quieres sentir más tranquilo, más centrado y con un mayor control de tus emociones, la meditación te puede proporcionar la estabilidad emocional. Esto es algo que muchas personas anhelan en este mundo que va a pasos increíblemente rápidos. Si tienes problemas con la depresión, cambios de humor, estrés o algún otro problema similar, la meditación te puede ayudar a proporcionar la calma y claridad que buscas. Sólo necesitas unos cuantos minutos al día.

Ya sea que los problemas que enfrentas están relacionados con la depresión y el estrés, un trauma pasado o un cambio químico en el funcionamiento del cerebro, todos pueden beneficiarse de la meditación diaria. De hecho, sólo tienes que comenzar a intentarlo para comprobar su efectividad. Los efectos de la meditación se van acumulando, pero es muy probable que te des cuenta de una sensación de calma, paz y tranquilidad casi de forma inmediata.

La meditación lleva al cuerpo a un estado de relajación profunda y le proporciona las herramientas y recursos necesarios para lidiar con el estrés.

· · ·

Conforme la mente y el cuerpo aprenden a relajarse por medio de las técnicas y ejercicios de respiración profunda, el cuerpo se tranquiliza de la mente entra en un estado de calma.

De hecho, la meditación puede neutralizar las consecuencias negativas de las hormonas del estrés que abruman tu cuerpo y tu estado emocional. Conforme los niveles hormonales regresen a la normalidad, las emociones se estabilizan. Así, la siguiente vez que te sientas molesto o ansioso, te sentirás mejor preparado para lidiar con las emociones y las situaciones intensas usando tu respiración para calmarte y relajarte. Las emociones en verdad te pueden mantener atrapado, haciendo que te sientas como si vivieras en una montaña rusa de emociones incontrolables, con altos y bajos, llena de vueltas. Por otra parte, la meditación involucra mucha visualización, una herramienta muy útil que te puede ayudar a reconfigurar la manera en la que piensas actualmente y crear un entorno emocional más positivo y estable.

La meditación te puede ayudar a crear una mejor autoestima, a curarte de traumas pasados y experimentar más felicidad en el momento presente.

. . .

La visualización durante la meditación no solamente te da las herramientas para lidiar con el malestar emocional al proporcionarte estabilidad, sino que también te ayuda a planear la dirección de tu futuro. La meditación puede cambiar tu vida desde adentro hacia afuera y ayudarte a lidiar con los manipuladores emocionales.

Inspíralos

Usar todo el conocimiento que has ganado sobre volverte la mejor versión de ti mismo para ayudar a que los demás también puedan lograrlo. Si es alguien muy cercano a ti, tal vez puedan acudir a un terapeuta para trabajar juntos en el cambio. Cambiar su comportamiento puede ser muy difícil y puede ser que no lo logres por ti mismo. Un terapeuta puede ayudar a la otra persona a identificar las conductas que necesita cambiar y lidiar con los pensamientos detrás de ellas. También le ayudarán a esa persona a aprender nuevos comportamientos que son más sanos.

Diles que estás en lo correcto

Esto comienza cuando ya no respondes a sus técnicas de la misma forma en la que estabas acostumbrado.

Ahora sabes decir que no cuando no quieres hacer algo, y sabes decir lo que piensas incluso si no les agrada.

Trabaja en sentirte bien si responden de manera negativa.

Si no es tu problema, déjalo ir.

Solamente puedes controlar tus acciones. Esto es importante porque no serás capaz de cambiar la conducta de un manipulador, pero puedes dejar de ser su víctima. Eso es lo que sucede cuando empiezas a decir que no. Mucha de la manipulación sucede porque la permitimos, el primer paso para terminar este círculo vicioso es negarse a ser manipulados.

Los manipuladores son buenos en lo que hacen, así que presta atención a su respuesta. Es muy probable que digan o hagan cosas que apelen a tus sentimientos y emociones. Debes mantenerte firme en tu negativa, sabiendo que eres el primer paso hacia la libertad lejos de su influencia.

Deja ir las relaciones dañinas

· · ·

Las relaciones tóxicas pueden ser difíciles de dejar ir.

Muchas personas se quedan atrapadas en el círculo vicioso de volver a las relaciones que no son buenas para ellas. Lo único que hace esto es crear un ciclo de pesar y dolor. Existen algunas maneras de dejar ir las relaciones tóxicas. Los psicólogos han trabajado lo suficiente con personas que han tenido este problema como para escribir un manual completo.

El primer paso para librarte de una relación tóxica es admitir que te encuentras en una relación que no está bien. Tal vez te des cuenta de las señales de una relación tóxica e intentes justificarlas. Si notas esa sensación incómoda en tu mente, a eso se le llama disonancia cognitiva, y es tu cerebro intentando protegerte de aquello que sabes que de verdad. Toma nota de las cosas en la relación que te hacen sentir de esta manera. Aceptar que tu relación es tóxica es el primer paso. Antes de que puedas ser realmente libre, necesitas darte cuenta de todas las cosas que te están lastimando.

Las relaciones son un juego de dos personas. Si dos personas están participando en la relación, eso significa que las dos personas están involucradas en los desacuerdos, en los argumentos y en el comportamiento.

No puedes culparte completamente de las cosas que suceden. Si te culpas a ti mismo de todos los problemas en la relación, descubrirás que intentas resolverlo todo.

Reconoce que, a veces, ambas partes son culpables de tener una relación tóxica. Reconoce tus responsabilidades, pero sólo tus responsabilidades. No necesitas lidiar con los problemas de la otra persona en la relación tóxica.

Cuando tú no tienes la culpa, no hay una razón para que cargues con ello.

Cortar todo contacto es una de las mejores cosas que puedes hacer cuando intentas dejar ir a una pareja manipuladora. Mantenerse en contacto solamente hará que las cosas sean más difíciles. Esto incluye comprobar cómo están las personas tóxicas que ya no están en tu vida.

Resiste revisar sus redes sociales o preguntar a los amigos en común. Siempre debes seguir tu instinto cuando se trata de sacar a las personas de tu vida. Incluso, aunque suene extremo, es mejor dejar ir a las personas cuando se trata de una relación tóxica. Para poder seguir adelante, necesitas estar en un lugar en el que seas capaz de sentirte neutral, no dolido, respecto a la falta de contacto.

El cierre es una de las mejores cosas que se pueden hacer para seguir adelante después de terminar con una relación manipuladora. Esto puede ayudar a que las personas reconstruyan su vida entera de una manera saludable y productiva. Encontrar un cierre es una manera de ayudarte a dejar ir las relaciones tóxicas. Para muchas personas, el cierre viene desde adentro y al reconocer todas las formas en las que una relación funciona mal.

Para otras personas, escribir un último capítulo o hacer que la otra persona reconozca su toxicidad pueden significar el cierre. Cualquier cosa que sea, el cierre importante para seguir adelante.

La cosa más importante al dejar cualquier relación tóxica y dejarla ir es tener a alguien que te atrape si te caes.

Dejar ir puede ser difícil, en especial si es a largo plazo. Reúnete con amigos y familiares que puedan apoyarte durante estos tiempos difíciles. También te pueden ayudar a evitar que vuelvas a buscar a esas personas que ya sacaste de tu vida. Los sistemas de apoyo son muy valiosos cuando se trata de dejar ir las relaciones tóxicas. No tengas miedo de acudir con las personas que amas.

. . .

Desarrolla una mentalidad fuerte

Mientras que una persona tóxica puede usar la manipulación y las mentiras, otras pueden recurrir a la intimidación y a la descortesía. Si no tienes cuidado, personas como éstas pueden volverse una carga muy pesada para tu bienestar. Las personas que son mentalmente fuertes, no obstante, lidian con las personas manipuladoras de forma habilidosa. Se rehúsan a renunciar a su poder y siguen siendo la mejor versión de sí mismas sin importar quién está a su alrededor.

Darles un nombre a tus sentimientos disminuye su intensidad. Así que, si te sientes triste, ansioso, enojado o con miedo, reconócelo, al menos para ti mismo también pon atención a la manera en que esas emociones afectan tus decisiones. Cuando te sientas ansioso, tal vez no tengas ganas de arriesgarte. Cuando estés emocionado, tal vez actúes de forma impulsiva. Aumentar tu consciencia respecto a tus emociones disminuye las probabilidades de tomar decisiones irracionales basadas solamente en la emoción.

Darle un nombre a tus emociones que es solamente una parte de la batalla, también necesitas la habilidad para regular tus emociones.

Piensa en tus habilidades actuales para enfrentarlas. ¿Comes cuando estás nervioso? ¿Bebes para tranquilizarte? ¿Te desahogas con tus amigos cuando estás enojado? ¿Te quedas en casa cuando estás ansioso? Estas son estrategias comunes te pueden ayudar a sentirte mejor en el momento, pero te harán sentir peor a la larga.

Busca habilidades de manejo de emociones que sean buenas a la larga para ti. Ten en cuenta que lo que funciona para una persona no necesariamente funciona para ti, así que necesitas encontrar lo que te ayuda a manejar las emociones de mejor manera. Experimenta varias habilidades para encontrar cual funciona para ti: respiración profunda, ejercicio, meditación, leer, colorear y pasar tiempo en la naturaleza son unas cuantas estrategias que pueden ayudarte.

La manera en la que piensas afecta cómo te sientes y cómo te comportas. Pensar en cosas como "No puedo lograrlo" o "Soy un idiota" te quita energía mental. Pon atención a tus pensamientos. Es probable que te des cuenta de temas y patrones en común. Tal vez te convences a ti mismo de no hacer las cosas que te dan miedo. O tal vez te convences a ti mismo de que no tienes el control de tu vida.

. . .

Responde a los pensamientos irracionales y no productivos con algo más útil. Así que, en vez de decir "Voy a arruinarlo", mejor di "Esta es mi oportunidad para brillar y voy a hacer lo mejor que pueda". Cambiar esas conversaciones que tienes contigo mismo puede ser la cosa más útil que puedes hacer para cambiar tu vida.

La mejor manera de entrenar a tu cerebro para que piense de forma diferente es cambiando tu comportamiento. Haz cosas difíciles y continúa haciéndolas incluso cuando pienses que no puedes. Te probarás a ti mismo que eres más fuerte de lo que crees. También establece hábitos diarios saludables. Practica la gratitud, haz ejercicio, duerme lo suficiente y come de forma saludable para que tu cerebro y tu cuerpo puedan estar al máximo.

Busca personas que te inspiren a ser mejor. Crea un entorno que te ayude en tus esfuerzos para construir un estilo de vida más saludable.

Todos los buenos hábitos del mundo no serán efectivos si los realizas en conjunto con hábitos no saludables. Es como comer donas mientras estás haciendo ejercicio. Pon atención a tus malos hábitos que te quitan energía mental, todos tenemos de esos.

• • •

Ya sea que te sientas mal contigo mismo o que recién tras el éxito de otras personas, sólo hacen falta uno o dos para mantenerte atascado. Una vez que te vuelvas consciente de tus malos hábitos, dedica un poco de tu energía a reemplazarlos con alternativas más saludables. Entonces, serás capaz de dejar ese círculo vicioso y empezar a avanzar para lograr tus metas.

Al igual que toma práctica y tiempo volver a ser fuerte físicamente, también hace falta dedicación para volverse fuerte mentalmente. Sin embargo, volverse fuerte mentalmente es la clave para sentirte al máximo y lograr todo tu potencial.

Date un discurso positivo a ti mismo durante el día

Un manipulador emocional puede cambiar por completo tu humor, así que asegúrate de restaurarte a ti mismo cada día con charlas positivas. Cada uno de nosotros tiene un conjunto de mensajes que reproduce una y otra vez en su mente. Este diálogo interno, o comentario personal, estructura nuestras acciones en la vida y sus circunstancias. Una de las maneras de reconocer, promover y mantener el optimismo, la esperanza y la felicidad es cenar tus pensamientos con charla positiva.

· · ·

Demasiadas veces, el patrón de charla que desarrollamos es negativa debido a nuestra pareja manipuladora. Recordamos las reacciones negativas de otros niños que menospreciaron cómo nos sentíamos sobre nosotros mismos. A través de los años, estos mensajes se han reproducido en nuestras mentes una y otra vez, alimentando nuestros sentimientos de enojo, miedo, culpa y desesperación.

Uno de los métodos más importantes usados en la terapia con aquellos que sufren de depresión es identificar la fuente de esos mensajes y luego trabajar con la persona para sobreescribirlos intencionalmente. Si una persona aprendió de niño que no tenía valor, le demostramos lo especial que es. Si una persona, conforme crecía, aprendió a esperar crisis y eventos destructivos, le demostramos una mejor manera de anticipar el futuro.

Intenta hacer el ejercicio siguiente. Escribe algunos mensajes negativos que se encuentran dentro de tu mente y que limitan tu habilidad para superar tus circunstancias. Sé todo lo específico que puedas e incluye a cualquiera que recuerdes que haya contribuido a ese mensaje. Ahora toma un momento para contraatacar esos mensajes negativos con verdades positivas en tu vida. No te rindas si no encuentras uno rápidamente.

. . .

Para cada mensaje negativo, existe una verdad positiva que sustituye la sensación de desesperación. Estas verdades siempre existen, sigue buscando hasta que las encuentres.

Tal vez tengas un mensaje negativo que se sigue reproduciendo en tu cabeza cada vez que cometes un error. De niño te habrán dicho "Nunca lograrás nada en la vida" o "No puedes hacer nada bien". Cuando cometes un error, y lo harás porque todos lo hacemos, puedes elegir sobrescribir este mensaje con uno positivo, como "Elijo aceptar y crecer a partir de mis errores" o "Conforme aprendo de mis errores, me vuelvo una mejor persona". Durante este ejercicio, los errores se vuelven oportunidades para reemplazar ideas negativas de quién eres con opciones positivas para una mejora personal.

La charla positiva no es autoengaño. No se trata de ver las circunstancias con una mirada que sólo ve lo que quieres ver. Más bien, la charla positiva se trata de reconocer la verdad sobre las situaciones y sobre ti mismo.

Una de las verdades fundamentales es que vas a cometer errores. Esperar perfección de tu parte o de cualquier persona es algo irreal.

· · ·

También es irreal esperar que no haya dificultades en la vida, ya sea por tus acciones o por las circunstancias.

Cuando algo negativo suceda o cometas un error, la charla positiva tiene como objetivo encontrarlo positivo dentro de lo negativo para ayudarte a hacer las cosas mejor, a mejorar o simplemente para mantenerte caminando hacia delante. La práctica de la charla positiva suele ser el proceso que te permite descubrir el optimismo oculto, la esperanza y la felicidad en cualquier situación.

Conclusión

Ahora ya conoces las bases de la persuasión, de la manipulación emocional, del engaño, de la programación neurolingüística, de la hipnosis y, en especial, cómo evitar ser manipulado y defender tu mente de las personas y entidades que quieran manipularte. Toda la información contenida en este libro te da las herramientas necesarias para saber cuándo te encuentras en una situación de manipulación y te enseña a enfrentarte a estos momentos.

Esta guía te ayudará a defender tu mente para que puedas tener una vida que vaya de acuerdo a tu propia mentalidad, objetivos y creencias, que no dejes que nadie te influencie de una manera en la que no estás de acuerdo.

. . .

Podrás saber cómo el mundo actual en el que vivimos está inundado de propaganda y personas que quieren controlarnos, pero con toda la información de este libro ya no serás una víctima. Depende de ti usar la información para mejorar, para ser una mejor persona y para sentirte mejor contigo mismo al tener una vida más saludable, libre de manipuladores.

Cómo Dominar el Arte de la Negociación

Descubre Cómo Pagar Menos En Tus Compras, Obtener Mejores Oportunidades Y A Hacer Tu Vida Mucho Más Fácil Negociando Como Un Ganador

El uso de marcas comerciales en este documento carece de consentimiento, y la publicación de la marca comercial no tiene ni el permiso ni el respaldo del propietario de la misma.

Todas las marcas comerciales dentro de este libro se usan solo para fines de aclaración y pertenecen a sus propietarios, quienes no están relacionados con este documento.

Índice

Introducción

Algunas personas empiezan a jugar póker con la expectativa de volverse mejores negociadores, aunque no todas las habilidades involucradas en el póker puedan ser utilizadas para la negociación del día a día. El póker puede consumir una cantidad ridícula de tiempo si lo que se desea es amasar una fortuna. A menos que se juegue de tiempo completo, difícilmente puede conseguirse lo suficiente para vivir con modestia. Aunque, claro, el juego es algo que entretiene y puede dejar un poco de dinero.

¿Podríamos volvernos tan buenos en el juego de cartas al grado de amasar una fortuna con facilidad? Posiblemente, pero hay que ser sinceros con nosotros mismos. Existen millones de jugadores que se proyectan como el próximo Daniel Negreanu y muchos de ellos tienen ya más devoción que nosotros en cualquier día futuro. Si no estoy dispuesto a dedicar tanto tiempo como ellos en el juego, ¿cómo se supone que los tenga como competencia?

Además, muchas personas se hacen de dinero rápidamente, pero lo pierden a un ritmo igualmente vertiginoso. Creo que lo preferible es jugar por diversión.

La negociación es una especie póker en la que casi todo el mundo juega con un mínimo de conocimiento, pero en la que siempre se puede practicar para ser mejor.

Y, como en el póker, mucha gente cree que es buena negociando cuando, en realidad, no lo es. Desde luego que hay personas que son 'naturalmente' mejores en la negociación (y en el póker) que otras, pero la experiencia dice que esas personas se apoyan en unas cuantas estrategias para ser exitosas.

Todo el mundo conoce a Julio César o a Alejandro el Grande porque fueron triunfadores. No escuchamos sobre los muchos otros emperadores que no lo fueron.

Puede que usted conozca a negociadores 'naturales', pero sólo porque han sido los que triunfan. Eso significa que podemos estar sesgados y no vemos a todos aquellos negociadores que fallaron inicialmente, pero que están haciendo un verdadero esfuerzo para mejorar.

Los negociadores naturales piensan que ya lo saben todo porque son modestamente exitosos. En realidad, se están perdiendo todas las oportunidades para mejorar.

Estos negociadores se parecen a unas palomas que cierto científico conductista usaba para sus experimentos. El científico las alimentaba por intervalos aleatorios, pero las palomas creían que eran sus propios actos los que provocaban la aparición de la comida, así que repetían lo que fuera que estuvieran haciendo, aunque fuera en vano, con tal de recibir más alimento. Lo mismo se puede decir de los negociadores indisciplinados: sólo porque algo parezca funcionar no significa que sea la mejor estrategia de negociación disponible. Dicho de otra forma: sólo porque hayamos tenido algunas negociaciones exitosas debemos dejar de mejorar.

El simple hecho de desear mejorar en nuestras negociaciones ya nos concede una ventaja real. Debemos enfocarnos en dedicar nuestro tiempo a comprender y estudiar nuestras propias técnicas de negociación, compararlas con otras, aplicarlas y ver cuáles nos dan mejores resultados. Necesitamos convertirnos en negociadores habilidosos a tal grado que podamos cambiar la forma en que vivimos para bien. Que se escuche fuerte y claro: ser exitoso en las negociaciones es MUCHO MÁS SATIS-FACTORIO que ser un ganador en el póker.

Lo que este libro espera aportar a usted es una serie de habilidades:

- Será capaz de aplicar las estrategias y técnicas que aquí mostraremos para que tenga más éxito en sus futuras negociaciones.

- Reconocerá cuando otras personas estén utilizando técnicas exitosas de negociación.

- Evitará cualquier caída o inconsistencia en su estrategia cuando se encuentre con negociadores más habilidosos que usted.

En póker, es típico identificar al jugador que seguimos o en el cual fijamos la perspectiva como un 'héroe', y a su rival más cercano el 'villano'. En muchas ocasiones, debemos decirlo, la persona o personas con las que se encuentre negociando no serán como villanos, ni siquiera como oponentes. Esos términos crean una mentalidad que, en realidad, pueden convertirlo en un peor negociador.

Así que llamaremos a la otra parte de la negociación nuestro Compañero de Negociación, o CN para abreviar. Usted aún puede ser el héroe, pero tenga en mente que todos podemos llegar a serlo.

El libro está organizado como una serie de capítulos cortos, los cuales están a la vez cerrados sobre sí mismos.

Si está teniendo algún problema con un tema y quiere omitirlo para avanzar a otro capítulo más específico, adelante. Pero, por favor, no cometa el error de los 'negociadores naturales' que mencionamos anteriormente.

Sí, usted podría mejorar si aprende unas cuantas técnicas de negociación, pero al leer y aplicar las lecciones de este libro usted estará consiguiendo herramientas nuevas y mejorando las suyas para lograr resultados mucho más satisfactorios.

Ahora, mientras que los capítulos son independientes, las estrategias descritas en ellos no son independientes. Muchas se combinan naturalmente para ser aún mejores. Todas las lecciones aquí provistas han sido comprobadas con la experiencia y con mucho trabajo de por medio. Daremos un par de ejemplos para algunas ocasiones que lo ameriten, pero todo aquí está planeado para que usted aprenda de manera simple a negociar en cualquier situación, evitando las jergas demasiado técnicas, los estilos de escritura complejos y demás cosas aburridas. Ojalá que este libro pueda leerse más como una conversación que como un manual.

Nos enfocaremos principalmente en negociaciones monetarias más que en otras porque los principios sujetos a discusión son más fáciles de comprender en el contexto de una negociación monetaria. Al grado que mejore en las negociaciones que involucran dinero, aplicará naturalmente ese talento a situaciones no necesariamente relacionadas con lo monetario.

Aunque algunas ideas puedan llegar a ser presentadas como absolutas, en realidad ninguna de ellas lo es. Cuando digamos 'siempre' o 'nunca', lo que queremos decir es 'en contadas ocasiones'. No hay reglas absolutas, ¿vale? Ninguna estrategia debe ser aplicada o ignorada todo el tiempo. Todo puede tener más de una alternativa. Las estrategias descritas aquí pueden funcionar en la mayoría de las veces, pero ninguna servirá infaliblemente. Si tan sólo la vida fuera tan sencilla…

1

La mejor alternativa para un acuerdo en la negociación

Usted ya ha dedicado unos diez minutos a leer este libro, y esos son diez minutos que nunca volverán. Eso incluso me hace sentir un poco de culpa. Si siente que ha estado perdiendo su tiempo, espero corregir eso ahora mismo.

Vayamos al grano y veamos la estrategia más importante para asegurar una negociación exitosa: la "Mejor Alternativa para un Acuerdo en la Negociación", o "MAAN". MAAN es una idea muy sencilla que puede ser, sin embargo, increíblemente poderosa:

- Si no puedo alcanzar un acuerdo en mi negociación, ¿cuál será mi siguiente mejor opción?

- Si nuestra siguiente mejor opción apesta o si no tenemos otra opción, entonces tenemos una mala MAAN.

- Si la siguiente mejor opción es casi tan buena como alcanzar un acuerdo con la persona con quien estamos negociando, entonces tenemos una buena MAAN.

- La idea es que nuestra MAAN sea casi tan buena como lograr lo que queremos en la negociación inicial. De esa manera usted podrá negociar libremente en torno a un gran trato con su primera opción sabiendo que, aunque falle, tendrá todavía una excelente opción para cerrar el trato.

- Si su MAAN apesta, debe mejorarla antes de empezar a negociar.

¿Por qué es esto importante? Porque si tiene una gran MAAN, entonces tendrá poca necesidad de adherirse a un único Compañero de Negociación (CN), lo que le otorgará todo el poder que un negociador libre necesita: el poder de alejarse y buscar a alguien más para negociar.

Para ser claros, el enfoque de la MAAN no está fijado en la persona o la organización con la que espera alcanzar un acuerdo, sino en una potencial segunda opción de negociación.

¿Confundido? Quizá el siguiente ejemplo le sirva para entender mejor:

Usted es un entusiasta de los autos clásicos y tiene una debilidad por los guardafangos de los compactos que salieron por ahí de 1970. Usted ya le ha echado el ojo a una preciosa camioneta Ford Pinto 1978 color azul.

El problema es que el auto cuesta más de lo que usted quiere gastar. Así que, si usted fuera un terrible (o típico) negociador, iría a hablar con el dueño e intentaría lograr la mejor oferta que pueda darle. Podría intentar ocultar su entusiasmo, pero vamos, usted no engaña a nadie. Está esperando gastar unos diez mil dólares en ese carro.

· · ·

El dueño quiere doce mil, y no lo soltará por menos de once mil. Usted compra el carro. Claro, ha terminado gastando más de lo que quería, pero es el auto que quería.

Ahora imagine una mejor versión de usted, un usted con una buena MAAN. De nuevo, encuentra el auto que quiere —ese bebé azul en cuatro ruedas, el Ford Pinto 1978. El dueño sigue pidiendo doce mil dólares por él y usted aún piensa que vale diez mil. ¿Irá a negociar? Desde luego que no.

Primero irá a buscar una MAAN. Y aquí empieza el truco mental que hace esto posible. Imagine que el Ford Pinto 1978 deja de ser una opción repentinamente (porque se vendió, porque pasó un niño y rayó la pintura, yo que sé) y ahora TIENE que encontrar una alternativa.

Después de investigar un poco, encuentra un Ford Pinto 1977 sedan en venta por nueve mil dólares. Vale, puede que no sea su auto ideal, pero es casi perfecto.

Va a visitar al dueño del auto 1977 y, después de una negociación seria, hace que rebaje el precio a $8,200. Usted deja abierto el trato provisional y acuerda que tendrá una decisión para el día de mañana.

· · ·

Ahora usted tiene una MAAN y está listo para ir a hablar con el dueño del Pinto 1978. Él le pide doce mil dólares. Empiezan a negociar. Eventualmente nos vemos atorados en la marca de los once mil, y entonces debe hacer una elección. Ahora sabe que puede comprar el auto de 1977 a $8200. ¿Realmente vale la pena gastar $2800 dólares extra para conseguir el modelo del año siguiente? 'No', se dirá a sí mismo. Lo máximo que puede permitirse pagar de más serían mil quinientos dólares, así que ofrece $9700.

Lo que puede suceder a continuación se dirige hacia dos caminos: el vendedor del Pinto '78 estará de acuerdo en venderlo a ese precio o no estará de acuerdo en hacerlo. Y aquí se revela el poder de una buena MAAN: realmente no importa el resultado, usted saldrá ganando. Estará tan feliz pagando $8200 por el Pinto '77 como lo estaría desembolsando $9700 por el Pinto '78. Esa es una gran MAAN.

Las MAAN no tienen que ser necesariamente tipos distintos de una misma cosa; sólo deben significar alternativas que lleven a una negociación exitosa. Otro ejemplo: imaginemos que usted siempre ha soñado con ser dueña de un bote para surcar las aguas locales y vivir un verano de surfeo, bebidas en la cubierta al atardecer, acompañada de su esposo en un trajecito de baño diminuto. Genial.

Mira alrededor. Los precios para un bote que cubre sus necesidades ronda los $22000. Eso es realmente mucho más dinero de lo que planeaba gastar, pero continúa con el propósito de cumplir su sueño.

Usted y su esposo hablan sobre el bote durante la cena y, mientras están en la cocina, reconocen que todo allí parece estar dispuesto al retiro.

Mientras ven con cariño y algo de nostalgia el refrigerador y la estufa que los acompañan desde el primer día de casados a la luz de la intermitente luz que cuelga de un cable pelado, se dan cuenta que otras personas no mirarían el mismo espacio con igual cariño. Investigan. Una remodelación completa de la cocina costaría unos $40000, pero también incrementaría el valor de su hogar.

Pero es claro que no pueden tener el bote y la remodelación. Así, deciden encontrar un bote que les encante en un precio inicial de $20000 y acuerdan comprarlo si alcanza la oferta de salir en $15000. Si no sucede así, entonces remodelarán la cocina. Cualquiera de estas dos opciones les alegraría. Y, oiga, quizá pueda pedirle a su marido que use ese traje de baño chiquitito mientras cocina para tener una nueva cocina *y* una vista espectacular.

Ahora, a negociar por el bote. Si el vendedor está dispuesto a rebajarlo a $15000, entonces lo compran. Si no, tienen una gran MAAN: la remodelación de la cocina. De nuevo, las opciones le brindan la indiferencia ante un resultado negativo en la negociación inicial. Esa misma indiferencia de hecho puede ser fundamental para que su CN termine aceptando el trato.

Ahora, puede que en algunas ocasiones usted sea la MAAN de su contraparte. Si tiene la sensación de que es así, pregunte a su CN si se encuentra en posición de finalizar el trato el mismo día. Mientras sea posible que su Compañero de Negociación mienta y diga que sí, aunque ese no sea el caso, muchas personas le darán una respuesta intermedia, dudosa. La buena noticia es que de hecho usted es la segunda opción de su CN, lo que significa que, si su primera opción falla, probablemente podrá cerrar el trato, y desde luego que hay maneras para tomar ventaja de ser el MAAN en la negociación de alguien más.

· · ·

Usted sabe que su CN tiene otro posible trato en mente y se encuentra comparándolo con el que le ha propuesto. Haga preguntas sobre las necesidades, expectativas y precio, siempre intentando integrar alguna percepción sobre cuál es el otro trato en cuestión.

Imagine que dirige un negocio de cuidado de jardines y va de visita a la casa de un prospecto. Al entrevistar al comprador, le indica que está interesado en contratar una poda de hiedra tres veces al año y cuatro servicios de fertilizante. Usted se ha enterado que la competencia ofrece un paquete estándar, por lo que ahora puede ofrecer el servicio de su propia compañía de una forma que resulte en una comparación favorable. Tal vez sepa qué competidor usa un podador con un rastrillo en específico para el trabajo, a diferencia del método que usted ofrece, efectuado a mano. Entonces podrá exponer a su potencial cliente los beneficios de una poda manual frente al daño que puede producir una mecánica.

Si usted es la MAAN de alguien más, nunca ofrezca un trato 'final' hasta que su CN esté listo para finalizar el acuerdo. La idea es crear cercanía para pedirle a su CN una oferta que usted pueda aceptar en lugar de ofrecer algo que puedan aceptar a usted.

Si no consigue una posición favorable para aceptar la oferta de su contraparte, entonces no ha mejorado suficientemente su poder de negociación. Usted sólo será su MAAN, una alternativa más, lo que hará que sea imposible finalizar un acuerdo, pues su CN tiene toda la intención de lograr su primera opción antes que considerar establecer un trato con usted.

Cuando no pueda obtener una oferta aceptable, diga a su CN que debe de darle mayor oportunidad, pero sólo cuando estén listos para finalizar el trato. No se atreva a dar su mejor oferta ya mismo. No será aceptada y todo lo que estará haciendo es ayudar a su CN con su primera opción de negociación y estará poniendo un estándar para la próxima vez que intenten cerrar el asunto, pues seguramente querrá pedirle más a la próxima. NUNCA haga su mejor oferta a menos que esté seguro de su aceptación.

Pero hay buenas noticias. Incluso si no puede finalizar el trato ese mismo día, entonces habrá una buena oportunidad para que su CN regrese cuando su primera negociación no resulte. Ahora está usted en una mejor posición. Muy pocas personas tienen MAAN's para sus MAAN's, lo que significa que su contraparte ahora estará muy motivada en cerrar el trato.

2

No sea un cretino - Parte 1: Ética

LA RAZÓN por la que está leyendo este libro es porque desea incrementar los casos de éxito en sus negociaciones. Eso significa, desde luego, que quiere ser un mejor negociador que el sujeto al otro lado de la mesa. Desde luego que hay esperanza de ser mucho mejor que él.

Si usted es mejor, será más probable que consiga lo que quiera después de negociar. No siempre será así, claro está. Usted puede ser el mejor negociador en el mundo y aun así no obtener un buen trato si su contraparte es demasiado obstinada o simplemente no tiene interés en hablarle. Lidiamos con estas situaciones más tarde en este libro, específicamente el capítulo titulado 'La estrategia del lunático' y en otro capítulo llamado 'La regla de El padrino'.

Sea como sea, nunca es correcto obtener más de lo que se tiene derecho cn una negociación. Eso significa que debe dar o recibir una cantidad justa como compensación cuando haga un trato. Usted puede obtener o dar una gran oferta, y eso está bien, pero nunca debe ser tan buena que haga claro que tomó ventaja sobre la inexperiencia o ingenuidad de su contraparte.

Este libro fue pensado para ayudarle a tener el mejor trato posible de manera justa en casi cualquier negociación, no para darle las herramientas que le permitan crearse víctimas partiendo del frío agujero negro que tenga usted en el corazón. Probablemente nace en el mundo un cretino cada minuto, pero, por favor, no use lo que aprenda aquí para sumar uno más.

Los tratos injustos, basándonos en la experiencia, son el resultado de una falta de información en alguna de las partes en la negociación. Usted probablemente ha escuchado acerca de un amigo o el amigo de un amigo que obtuvo un trato increíble porque su CN no conocía el verdadero valor de éste.

Piense en el sujeto que compra un auto clásico invaluable por una pequeña fracción de su precio de una señora muy adulta que simplemente desconocía su valor. ¿Es ese un buen negociador? No. Es un idiota.

Entonces, ¿cómo actuamos éticamente si estamos recibiendo un trato DEMASIADO bueno? Creo que la respuesta sencilla es *ser honestos*.

En el mismo contexto del auto usado, diríamos «No me parece bien pagar esa cantidad por su auto. Parece muy bajo para mí. Pienso que puede valer más de lo que está pidiéndome. Puedo estar realmente contento de comprarlo al precio que usted ha propuesto, pero debe saber que pienso que lo está subestimando».

Hay una buena probabilidad de obtener el auto por el precio original o tal vez por un poco más (porque usted no ofreció en ningún momento un precio diferente), pero si no, ofrezca el monto que le parezca más razonable y que esté justificado.

Pero a veces su Compañero de Negociación estará calificado para conocer el valor de lo que se esté negociando. Si se encuentra planteando un trato con alguien que es un especialista en el tema, entonces puede asumir éticamente que su contraparte sabe de lo que habla. Si su experiencia le permite ver que le proponen un trato justo, sin charlatanerías, entonces está bien aceptarlo.

3

No sea un cretino- Parte 2: sea justo

¿Es usted un consejero de tiranos viviendo en la Florencia del siglo XVI? ¿Usted tiene la habilidad de destruir a su CN de tal forma que nunca podrían hacerle daño en el futuro? ¿Su nombre es sinónimo de 'esquematizado' y 'egocéntrico'? Si ha contestado 'no' al menos a las dos primeras preguntas, tendrá que actuar en un mundo en el que debemos considerar los sentimientos y las acciones de las demás personas.

Pero, ¿por qué? Seguramente se estará preguntando eso. Pues porque si trata a las personas de una manera injusta, ellos actuarán de acuerdo a su propio interés para regresarle el daño.

. . .

Antes de que sigamos yendo en esa dirección, me gustaría que hagamos nuestra primera entrada al mundo de la ciencia de los simios. Imaginemos que usted es un mono y que realmente le gustan los pepinos. Encuentra una piedra en su entorno y se la da a su cuidador a cambio de una deliciosa rebanada de pepino. Entonces usted está feliz. La vida es bella… incluso cuando se está dentro de una jaula.

Entonces mira a la derecha. Su compañero simio también le da piedras a su cuidador. Pero él obtiene uvas. A usted le gusta el pepino, pero las uvas le hacen delirar. ¿Qué hacer?

Claro que podría invocar el infierno en la tierra y armar un zafarrancho, negándose a entregar piedras de nuevo. No es justo y, aunque esa acción empeore su vida (ya no recibirá rebanadas de pepino siquiera), no habrá manera humana de seguir intercambiando piedras por pepinos. Usted está prefiriendo no recibir cosa alguna a ser tratado injustamente.

O qué pasará si suponemos que es usted un estudiante sentado en un laboratorio universitario jugando lo que se llama el juego del dictador.

Usted y un compañero (el dictador) deben repartirse

$10, pero su amigo debe decidir cómo repartir la cantidad. El truco está en que, si usted no está de acuerdo con la forma en que esa cantidad ha sido dividida, entonces ninguno de los dos obtiene un centavo.

Entonces, su compañero decide que tomará $9, correspondiéndole a usted $1. ¿Toma esa cantidad? Definitivamente es mejor aceptar este trato, pues de lo contrario ambos se quedarían sin nada. $1 es mejor que $0, ¿no es así?

Pero recordemos que somos simios adoradores de pepino cortado en rebanadas.

Reconoceremos la injusticia al dividir los $10 y estaremos casi seguros de rechazar nuestra parte correspondiente con el objetivo de impedir que nuestra contraparte se quede con su recompensa de $9.

A esto se le conoce como 'castigo altruista' y usted, si es como la mayoría de las personas, estará castigando a su compañero a su propio coste, incluso pensando en que sólo jugará una vez por temor a que le devuelvan el daño en la siguiente partida.

Ah, querido lector. Yo sé que usted es brillante (pues

claro, la prueba es que se encuentra leyendo este libro), así que seguramente ha visto ya la falla en este experimento. 'Se trata apenas de un dólar', razona, 'incluso un pobre estudiante de universidad dejaría ir eso con tal de castigar al dictador'.

La cosa con este experimento es que ha sido realizado en situaciones en las cuales el dinero equivale a meses de salario. Mientras los dictadores tienden a ofrecer una cantidad más pequeña del acumulado y sus contrapartes aceptan menos de lo que consideran justo, los resultados son consistentes en que los individuos actuarán de acuerdo a su propio detrimento con tal de penalizar a alguien que les parezca que actúa de una manera injusta.

Y actuar contra nuestro propio interés para castigar a aquellos que nos tratan injustamente no se limita al juego del dictador.

Hay un sinfín de otras circunstancias en las que esta actitud ha sido observada y documentada. Los niños y los chimpancés (¡otra vez experimentos con monos!) se esforzarán en castigar a los cretinos en el mundo. Eso vale incluso para los programas de computadora en los que la cooperación es una estrategia para ganar a largo plazo, esto sin mencionar que incluso gozamos psicológicamente al castigar a los injustos.

. . .

¿Qué es lo que debemos concluir? Si su CN percibe que está tratándolo de manera injusta, probablemente actuará con el objetivo de castigarlo, incluso si eso implica que no obtenga lo que él o ella desee. Siempre que el coste para usted sea mayor que el costo de su contraparte, será muy probable que actúen en contra de su propio interés para hacer justicia.

Debe tratar justamente a su Compañero de Negociación. No sólo es suficiente hacerlo, sino que su CN debe creer que lo hace. Tampoco sea abusivo, insistente o demasiado obvio. Para nada diga cosas como «realmente podría dejarte en la calle, pero no lo haré». Puede cambiar ese tipo de fantocherías por algo como «me alegra estar ayudándole con esto».

Entonces, ¿está bien intentar conseguir un trato injusto? No. Nunca. Habrá ocasiones en que de hecho podría tomar ventaja de su CN, pero si lo hace, será usted un cretino. Todos compartimos este planeta y no deberíamos hacer más difícil la vida de los demás innecesariamente. Eso incluye no tomar ventaja de otros sólo porque pueda hacerlo.

4

Sea la mejor versión posible de sí

Este capítulo será algo así como un cuerno de la abundancia de consejos, todos centrados en un mismo tema. Usted será más exitoso en sus negociaciones si se le percibe como alguien confiado, amable, inteligente, profesional y, no menos importante, alto y guapo.

Bueno, quizá esas últimas dos cosas le pueden desmotivar un poco si le ofrecían interpretar a Quasimodo en la representación teatral de la primaria. Pero hay esperanza. De hecho, tener los atributos anteriores hará que su CN confíe tanto en usted que creerá que también tiene la altura y la guapura.

Empecemos con lo de ser buena persona. Si usted es naturalmente un cretino, puede que no crea en la importancia de esto. De igual manera, si ya es usted una buena persona, entonces puede que no lo considere una ventaja. Pero ser un humano decente es una gran ventaja en las negociaciones (y en la vida en general). La gente querrá cooperar con usted, le confiarán más cosas y serán más propensos a ver el potencial de futuros tratos y, con ello, le tratarán mejor. En suma, usted gozará más beneficios entre sus Compañeros de Negociación si es bueno con ellos.

Que esto no se entienda como una invitación a ser manipulador. No sea bueno falsamente. Actúe con verdadera amabilidad y encuentre una manera de agradarle a su CN, incluso si él o ella es un cretino. Se consigue con cosas sencillas, como revelar un poco de información personal con sus CN. Esta confianza puede ayudarle a alcanzar un acuerdo.

Use esas conversaciones para encontrar experiencias en común con su CN. Si tienen aspectos relacionados entre ustedes, probablemente cooperarán con mayor facilidad. El objetivo es encontrar algo que genuinamente aprecie de su CN. Si lo consigue, usted también será más apreciado, lo que debe facilitar un ambiente propenso a los buenos resultados.

Por último, puede intentar pedir un favor. Sonará

extraño, pero si alguien le hace un favor, esa persona estará más cercana a compaginar con usted.

Pero nada de lo que hemos dicho significa que usted no deba cuidar sus propios intereses y conseguir el mejor trato (para usted) que pueda lograr. El mejor predictor de un buen resultado para un negociador es el deseo de tener ese buen resultado. Puede sonar obvio, pero téngalo en mente y dote su intención de ser amable con una dosis saludable de interés propio. No quiere subvertir sus logros en una negociación para favorecer los gustos de su CN.

Ahora, sea confiado y haga lo que deba hacer para proyectar esa confianza. Aquellos que lucen seguros de sí mismos son mucho más persuasivos que aquellos que no. La clave aquí es que no necesariamente debe estar seguro de todo lo que hace (esto no significa que debe ser indulgente con su preparación de cara a un trato), pero debe aparentar estarlo. 'Fíngelo hasta que se haga verdad', dirían por ahí. Si aparenta y tiene confianza en sí mismos, los demás lo creerán también.

Parte de esto tiene que ver con el *sesgo de autoridad* —si aparenta tener autoridad, otros serán propensos a ceder a su opinión. El sesgo de autoridad tiene una larga historia de pruebas experimentales, incluyendo un estudio en que 21 de 22 enfermeras estuvieron de acuerdo en suministrar un medicamento a un paciente bajo la prescripción de un "doctor" que llamó por teléfono, incluso cuando ellas no conocían al tal médico. Ellas habían sido advertidas sobre no tomar órdenes que fueran dichas por teléfono. La dosis prescrita excede por mucho el límite permitido.

Cuando usted actúa desde el lado de una figura de autoridad es percibido, de hecho, más *alto* de lo que realmente es. En corto (quise hacer un juego de palabras, disculpen), actuando como si fuera alguien de verdad importante influenciará las percepciones de aquellos con quienes interactúa.

Por último, debe esforzarse por verse presentable. Entre mejor vaya vestido, más probable será que la gente se relacione con usted.

Y, también, entre mejor se vea, se le percibirá como más inteligente. Hasta 2018, el sitio web Ratemyprofessor.com incluía un medidor de 'atractivo'. Las estadísticas indicaron que, si un docente era evaluado como guapo o guapa, también se le atribuía una mayor capacidad de instrucción. Caray, es probable incluso que gane una disputa en la corte si usted luce bien.

· · ·

Así que vaya y sea la mejor versión posible de usted mismo. Eso seguramente le ayudará en sus negociaciones, y también en la vida.

5

La preparación

En marzo de 1981, el señor McCunn le pidió a un piloto de avioneta que lo llevara a una región alejada de Alaska. Planeaba dedicar el verano a fotografiar la vida salvaje. Tenía cinta suficiente para documentar toda una semana de la vida de Kim Kardashian, suficiente munición para invadir y conquistar un país pequeño y, crucialmente, suficiente comida para pasar la temporada… pero nada más.

Lo que no tenía era un plan para ser rescatado de su retiro salvaje. Detengámonos a pensar un momento. Mr. McCunn planeó su viaje con gran detalle, pero olvidó arreglar que alguien fuera a recogerlo al final del verano.

Puede ser que las cosas hayan resultado bien para este hombre, pero también pensemos en que hubiera tenido que esperar demasiado antes de considerar alejarse a pie de su campamento remoto. Perdió la única oportunidad de rescate por usar el lenguaje de señas incorrecto al ver un piloto que pasó por encima de su cabeza. Si tan sólo hubiera dejado dicho que quería que pasaran por él. Pausemos otra vez y consideremos la tragedia auto-infligida de Carl McCunn. Asombroso.

Al final, el señor McCunn prefirió suicidarse a enfrentar un invierno demasiado largo que, de todas formas, lo hubiera hecho morir de inanición. Mientras espero sinceramente que su vida nunca dependa de una adecuada preparación al negociar, sí que creo que podemos todos aprender de lo sucedido al señor McCunn. Sea lo que sea que hagamos, la preparación nos ayudará a ser exitosos, sea al regresar de un ambiente natural sanos y salvos o al tratar nuestras negociaciones.

En los apartados de ética que revisamos antes, sugerí que los tratos injustos son principalmente ocasionados por una falta de información por una de las partes de la negociación. Bueno, eso y la voluntad de alguno que quiera tomar ventaja de la ignorancia del otro.

Debemos ser conscientes: no todo el mundo será tan ético como usted, así que, si no está preparado para una negociación, podría tener un mal resultado, uno no tan malo como el del señor McCunn, pero aun así bastante malo.

Prepararse para una negociación es vital. Para muchos de los puntos que vienen se han propuesto otros capítulos en el libro. Por el momento sólo queremos dar un breve vistazo. Para prepararse de cara a una negociación, considere los siguientes siete pasos:

1. Decida qué es lo que desea obtener de la negociación y considere objetivamente si ello es posible. Eso incluye establecer un rango realista de valores y un valor meta.

1. Maximice su MAAN (Mejor Alternativa para un Acuerdo en la Negociación. Si no sabe lo que es, vaya al capítulo con el mismo nombre en páginas anteriores de este libro. Tranquilo, no le tomará mucho tiempo).

1. Conozca tanto como sea posible sobre su CN para intentar determinar sus incentivos.

1. Anticipe los argumentos y estrategias de su CN y evalúe cómo responderlas.

1. Busque información que contradiga su posición en los puntos 1 a 4. El punto aquí es no ignorarlo sólo porque no vaya de acuerdo con su propia perspectiva.

1. Repita todos los pasos anteriores hasta que se sienta confiado de estar en una posición inmejorable.

1. Vaya y haga una negociación patea-traseros... o vaya y patee traseros en una negociación.

Puede que todo esto parezca mucho trabajo. Y sí, lo es. Pero es importante. Quizá pueda triunfar sin tener una preparación adecuada, pero si llega a fallar en alguna de sus negociaciones, casi siempre se deberá a una preparación inexistente o deficiente.

Este capítulo es bastante corto, pero cubre mucho terreno. Eso es porque se trata más de un resumen de las cosas que discutiremos en otros capítulos. Pero quiero dejarle antes un pensamiento final. No tiene que dedicar el mismo tiempo de planeación a todas sus negociaciones. En algunas tendrá que dedicar muchas horas, días o incluso meses, pues los asuntos son complejos y el resultado es particularmente importante para usted. Para otras no tendrá que invertir tiempo casi en absoluto porque la preparación detallada será más una pérdida de tiempo.

Pero no importa cuál sea el tema de la negociación o su importancia, al menos examine mentalmente cada punto de los anteriores mencionados, incluso si es sólo para asegurar del esfuerzo que la negociación valdrá para usted.

6

Intente no ser un idiota - Parte 1

En el capítulo anterior cubrimos seis pasos para preparar nuestras negociaciones. Ahora vamos a extendernos sobre el quinto de ellos: busque información que contradiga su punto de vista. Es una aseveración sencilla, pero al dedicarle atención cubrirá mucho terreno, especialmente cuando se trate de revisar cómo es que tomamos malas decisiones de forma sistemática y previsible.

La verdad, temo decirlo, es que muchos somos idiotas. Fallamos espectacularmente al defender nuestra posición en una negociación y eso nos cuesta tiempo, dinero y tratos que pudimos haber concretado. Otra verdad difícil es que casi todos a nuestro alrededor también son idiotas, así que, si aprendemos algo, seremos mejores que la mayoría.

¿Reconoce esa taza o vaso que siempre usa? Desde luego que no bebe en ella todo el tiempo, porque se ensucia como cualquier otro utensilio, pero cuando abre la repisa y está allí, definitivamente la escogerá. A esa taza nos referimos. ¿Por cuánto dinero la vendería? ¿$5, $10, $15? Es muy valiosa para usted. La usa siempre que puede. Es la mejor.

Ahora piense sobre la taza favorita de algún colaborador suyo. ¿Cuánto pagaría por ella? Voy a suponer que no la aceptaría, aunque se la regalaran. ¿Quién quiere una taza usada? Pero le apuesto que su colaborador valora su taza favorita tanto como usted valora la suya. Este es el 'efecto de valor' en acción.

El resultado será que su CN siempre sentirá que lo que está intentando vender es mucho más valioso de lo que realmente se ajustaría. La misma falla aplica para usted también. Y, bueno, desde que no vamos a estar negociando con tazas usadas, aquí va otro ejemplo:

Usted quiere comprar una pequeña empresa manufacturera. La evaluado objetivamente en $2,000,000 de dólares. Se dispone a hablar con los dueños actuales (los nietos del hombre que fundó la compañía hace sesenta años) y descubre que su petición es el doble de lo que usted ha calculado. ¿Por qué están tan alejados de la marca? Porque crecieron trabajando en esa empresa durante los veranos cuando eran niños y ahora se encuentran allí de tiempo completo. Conocen y quieren a los empleados. Ven un enorme potencial de crecimiento, y demás y demás. En fin, tienen un apego personal al negocio y eso les hace creer que vale mucho más.

Para decirlo pronto, la gente valora las cosas que

tienen mucho más de lo que objetivamente valen. Y no sólo tratándose de *cosas*. Usted piensa que la cafetería a la que va para almorzar la mayoría de días es mucho mejor de lo que realmente es. Su marca favorita de refrescos probablemente no sea tan diferente de otras, pero eso no le hará perder su fidelidad de compra.

Incluso los chimpancés están sujetos al efecto de valor. En una serie de experimentos, las perennes víctimas de la manipulación científica mostraron preferir la crema de maní frente al jugo, pero cuando se les dio jugo y después se ofreció cambiarlo por crema de maní, rechazaron el intercambio.

Puesto de manera simple, usted probablemente valora más lo que ahora tiene más de lo que debería, y aquellos con quienes trate podrían encontrarse en el mismo error.

El hermano del efecto de valor, el *sesgo del status quo*, también afectará sus negociaciones. Duda sobre si quiere cambiar su trabajo, su ruta para llegar al trabajo, el gimnasio al que asiste, su destino favorito para vacaciones, etcétera.

El efecto de valor y el sesgo del *status quo* impactan sus negociaciones porque es más difícil llegar a un acuerdo si una de las partes sobrevalora el objeto durante el trato.

Pero hay esperanza. Si usted es el comprador en una negociación, busque activamente información que le sugiera un aproximado verdadero del valor de su producto o servicio. Después de todo, el valor de algo está determinado sólo por lo que alguien está dispuesto a pagar. Si el valor objetivo de algo que espera vender es menor a lo que quiere recibir, entonces siempre tendrá la opción de no venderlo.

Pero, ¿qué pasa si es el comprador y su CN aumenta el precio de lo negociado excesivamente? La primera opción es abandonar el trato y seguir con la alternativa, que seguramente ya ha contemplado como su MAAN, o bien, encontrar alguna si no la hay todavía. La verdad es que algunas negociaciones deben ser abandonadas tan pronto como empiecen a significar una pérdida de tiempo y esfuerzo y sólo representen un beneficio sacrificando algo más.

Recuerde que el esfuerzo que ponga en cualquier negociación se dará bajo el riesgo de no estar haciendo algo más, así que prepárese para abandonar el trato en caso de no resultar beneficioso, sea al principio del mismo o incluso casi al final.

Pero si tenemos más oportunidades de éxito, entonces la primera y más obvia estrategia es proveer información objetiva al vendedor para establecer el valor de lo negociado. También ayuda a que sea percibido (verdaderamente) como una persona decente y de confianza. Siempre puede volver y leer los capítulos titulados 'No sea un cretino'.

Si eso no funciona, al menos hará que el vendedor reconsidere su trato para hacerlo un poco más justo. Si lo necesita, incluso puede enlistar algunas personas o compañías que otorguen validación adicional a la información que ya ha presentado. Eso podría significar involucrar expertos, pero también lleva la negociación a otro nivel para emitir una valoración (sea explícita o implícita) que sea significativamente más baja que la inicial.

Cuando incluso eso no funcione, puede intentar hacer que el *status quo* del vendedor se vuelva incómodo.

Para el ejemplo expuesto arriba, puede encontrar la forma para que un cliente importante genere algún riesgo, como empezar a comprar en otro establecimiento. Revise el capítulo 'La regla de El padrino' para más información al respecto.

Finalmente, puede darle algo de tiempo y regresar con el vendedor en una fecha más lejana y observar si, debido al paso del tiempo o por otros eventos, ya se encuentra dispuesto a una negociación más benéfica para usted.

La triste verdad es que, algunas veces, un vendedor (sea de productos, servicios y demás) simplemente será necio. En algún momento futuro, el vendedor puede verse obligado a encarar la brutal realidad: ha estado evaluando incorrectamente su venta, pero está seguro de poder venderla a ese precio a alguien. No pierda su tiempo entonces. Usted tiene mejores cosas por hacer.

7

Intente no ser un idiota - Parte 2

PARA EMPEZAR, usted generalmente verá su posición al negociar mucho más elevada de lo que en realidad es y la de su CN mucho más debajo de la realidad. Esto es causado por un *sesgo optimista* —tiene una expectativa irreal acerca de qué tan bien resultarán las cosas para usted, lo que significa que podrá estar asumiendo una perspectiva en la negociación que no está del todo fundada en datos objetivos.

Incluso en el escenario de hechos totalmente aleatorios, como al arrojar una moneda, los participantes de la contienda creerán que tienen mejores oportunidades para ganar que las de sus oponentes. Y probablemente también sobrevalore lo que usted tiene para ofrecer. Sólo porque tiene algo para dar piensa que es más valioso que aquello que podría estar recibiendo.

. . .

También podría estar viciando su juicio por un *sesgo de confirmación*. Esto es que, cuando tiene una opinión de la cual está más que seguro de su veracidad y conveniencia, interpreta la nueva información de una manera que le hace pensar que apoya su opinión inicial, haciéndole creer que cualquier otro pensamiento a favor son hechos irrefutables. Contrariamente, ignorará o desvalorizará cualquier información que contradiga su postura original.

Puede que usted sea mejor superando el sesgo de confirmación que otras personas, pero la mayoría de las personas ni siquiera intenta hacerlo. El resultado es que se verán en la situación en que no necesariamente tienen una perspectiva correcta, mucho menos objetiva, sobre el tema de la negociación… o sobre cualquier otro tema.

Esto es importante porque, si no puede ver el mundo como en realidad es (o al menos en la forma más adecuada posible), estará tomando posiciones que no están fundamentadas por hechos, lo que le llevará a peores resultados en sus tratos, sea cual sea el caso.

Pero antes de leer más, hagamos una prueba. Quiero que usted determine la regla para predecir los siguientes dos números de una secuencia.

Por ejemplo, si le doy la secuencia "0, 1, 1, 2, 3, 5, 8,

13, 21", la conclusión a la que debe llegar es que *el número siguiente en la secuencia es la suma de los dos números anteriores a él.*

Venga, ¿qué tal esta? A continuación, encontrará una serie de cuatro números que conforman una regla que, cuando la descubra, podrá identificar los siguientes números en la secuencia que confirmen la regla.

2468??

Ahora debe determinar cuál es la regla que da sentido a la secuencia. Para confirmar que su regla propuesta sea correcta, sólo debe hacer esta pregunta: «Son los números __ y __ los siguientes en la serie?», a la cual deberá recibir una respuesta de sí o no.

¿Cuáles serán los dos números que llenen los espacios en blanco para comprobar que la regla que ha propuesta para la serie es correcta?

Ahora, deténgase un momento. No adelante la lectura. Pause por un minuto y pienso sobre esto y decida con cuidado sus respuestas. Escríbalas porque, si resulta que se ha equivocado, probablemente querrá mentirse a sí mismo diciendo que esos no eran *realmente* los números que quería elegir. Sí, se mentirá a usted mismo y ni siquiera se estará dando cuenta. Escriba los dos dígitos que haya pensado ahora mismo.

¿Ya? Muy bien. Si ya lo hizo, continúe la lectura.

Estoy casi seguro: ha elegido el 10 y el 12 porque ha asumido que la regla para esta secuencia de números es un incremento en 2 cada ocasión. Pero me temo decirle que eso es lo que haría una persona no muy inteligente. Usted sólo se preguntó una cuestión que confirmaría lo que siempre ha creído, es decir, que los números continuarán ascendiendo de 2 en 2.

Incluso con el título que abre esta sección y la discusión sobre el sesgo de confirmación, ha decidido igualmente que los números que completan la serie son el 10 y el 12. Estoy decepcionado.

Lo cierto es que la pregunta en sí misma es terrible. Incluso si obtuvo un 'sí' como respuesta usando esos números, correctos para la regla del aumento de 2 en 2, hay muchos otros casos que igualmente podrían ser válidos. Pudo haber sido que la regla para completar la serie recayera simplemente en que el siguiente número cumpliera con la condición de ser mayor que el anterior, o tal vez la regla pudo haber sido también que cualquier número siguiente fuera divisible entre 2.

Preguntarse si el 10 y 12 son los siguientes números no prueba nada más que el hecho de haberse preguntado por una cuestión fácil, una que confirma sin mayor problema que siempre ha tenido la razón. Una clásica demostración del sesgo de confirmación.

En lugar de eso, incluso si pensó que la regla correcta era un incremento de 2 en 2, debió haberse enfocado en preguntar algo que probara el error en su teoría inicial, algo así como «¿son los siguientes números el 9 y el 11?». Ahora, si obtiene un 'no' como respuesta, entonces su teoría sobre que la regla es un incremento de 2 para cada número sucesivo tiene más probabilidades de estar acertada. Es más importante preguntarse por cosas que le permitan ver si sus supuestos podrían estar errados. Así aprenderá más.

Veamos un ejemplo de una negociación. Usted se encuentra negociando el arrendamiento del espacio para las oficinas de su compañía. El precio de renta inicial es $65 por metro cuadrado, y el arrendador tiene 5000 metros cuadrados disponibles. El problema es que usted no necesita 5000 metros cuadrados, pero cree que el arrendador no querrá hacer particiones.

. . .

Entonces, usted le pregunta: «¿Está dispuesto a dividir el espacio? Sólo necesito 2000 metros cuadrados». Su prospecto tuerce la boca y a regañadientes acuerda rentarle 2000 metros cuadrados, pero sólo si recibe $75 por cada metro de manera mensual por un mínimo de tres años en lugar del contrato anual regular.

¿Ve lo que acaba de suceder? Evitemos estas idioteces. Usted asumió que el arrendador no quería dividir el terreno y le dio con ello la oportunidad de pedir más de lo que pudiera haber ofrecido. En vez de eso, diga «Rentaré 2000 metros cuadrados y me comprometeré a un plazo de dos años si reduce el precio a $60 por metro cuadrado». Puede que no consiga el trato en inicio, pero al menos no tomarán ventaja de usted como lo haría un terrateniente neoyorquino carente de escrúpulos, quien definitivamente es mejor negociador que usted.

En una negociación, siempre asuma que la posición de su CN, si no ha sido expuesta, está en su beneficio. Haga preguntas y actúe sobre este supuesto. Si su CN prueba que se equivoca, no se preocupe. Pero no cometa el error de hacer preguntas sin pensar en lo que podría perder al dar cosas por sentado.

8

Reflejarse

LA PRÓXIMA VEZ que tenga una reunión en su trabajo con el jefe, observe con atención cómo cambian las expresiones faciales de sus compañeros cuando él o ella cambie las suyas o realice algún movimiento. Si sonríe, frunce el ceño, se inclina hacia adelante, cruza las piernas, mira a su laptop, inclina su cabeza, etcétera, ¿sus colegas imitan el gesto poco después? Casi siempre, y nadie (incluyéndolo a usted) se da cuenta. De hecho, a menos que haya un esfuerzo consciente para evitarlo, probablemente se sorprenderá reflejado los actos de su jefe también.

¿Por qué? Porque imitamos inconscientemente las acciones de aquellos que están en el poder y que nos agradan. Reflejar no sólo ocurre en situaciones laborales. Por diversión (o no, depende de la situación), la próxima vez que se encuentre en una reunión con los amigos, revise quién está imitando a quién para darse una idea de quién de sus acompañantes es especialmente admirado o admirada.

Hay cierto aspecto de reflejarse que es una herramienta de negociación invaluable. Si refleja los actos de su CN, probablemente llegará a notar que la conversación se facilita. Si no es descarado al hacerlo, su Compañero de Negociación ni siquiera notará lo que está haciendo. (En serio, no sea muy obvio).

En otro experimento, el reflejarse incrementó la oportunidad de cerrar tratos de un 12.5% inicial a un sorprendente 67% en los casos de quienes estuvieron haciéndolo constantemente durante el trato. La razón por la que reflejarse funciona, determinaron los realizadores del estudio, es que aquellos que fueron imitados sintieron un mayor nivel de confianza en sus CN que aquellos que no lo hicieron. Sólo como un dato más, debe saber que los vendedores que reflejan a sus clientes tienen índices de éxito más elevados.

Así que, si quiere mejorar su rango de éxito en la mesa de negociación, refleje discretamente a su CN. Su contraparte no lo notará conscientemente, pero será significativo al establecer un acuerdo con usted que le sea favorable.

Hay otra aplicación para el reflejarse que puede ser muy útil en las negociaciones. Si se encuentra tratando con un grupo de personas y usted no sabe quién es la persona más importante en el equipo, sólo observe quién es la persona a la que los demás reflejan.

Ahora, debo dar unas palabras de advertencia. Como ya he dicho, no sea muy obvio con el reflejo. La idea es esperar unos 20 a 30 segundos para empezar a cambiar sus gestos o posiciones para reflejar a su CN, pero nunca debe imitar en el mismo momento. Por ejemplo, si su CN se recuesta en el respaldo de su silla y pone los brazos en los apoyos, espere un momento antes de alejarse de la mesa y apoyarse en el respaldo.

Si está negociando con más de una persona, alguna de las que no esté reflejando puede darse cuenta y molestarse por ello… al menos en un nivel inconsciente. Así que escoja a quién reflejar y cuándo hacerlo cuando se encuentre negociando.

Finalmente, debe saber que reflejarse requiere mucho esfuerzo mental. No haga esto si empieza a sacrificar su atención a la conversación o sus otras habilidades para conversar.

9

Aseguramiento y quién hace la primera oferta

¿CUÁLES SON los primeros dos números de su saldo bancario y cómo están relacionados con la forma en que valúa una botella de vino? Pues, de ninguna manera, desde luego. Pero si le pregunta lo mismo a un grupo de personas, verá que aquellos con un mayor fondo en el banco le dará más valor a la botella de vino.

Y siguiendo con la temática del vino, digamos que la gente disfruta más el vino caro que el vino barato. Obvio, ¿cierto? El vino caro es probablemente de mejor calidad que el barato. ¿Por qué no sería así?

Bueno, el problema es que, incluso si el vino de una y otra botella son idénticos, la persona a la que se le ha dicho que bebe un vino caro lo disfrutará más. Y no sólo lo estará imaginando. Unos escaneos del cerebro de las personas que bebían vino con la idea de su costo en mente genuinamente disfrutaron más del vino 'caro'.

Otro ejemplo: ¿por qué una medicina barata para la jaqueca es menos efectiva que una de alto costo? Seguramente ha hecho un supuesto correcto: ambas son iguales. E incluso cuando (apuesto que no vio venir esto) ambas píldoras no son más que comprimidos de azúcar, es decir, placebos *inútiles*, el resultado es el mismo. Y he escrito 'inútiles' entre comillas porque, sorprendentemente, los placebos de hecho funcionan.

Todo esto da algo de nervios cuando empezamos a pensar en ello. Usted y todos lo que conoce son esclavos del *efecto de aseguramiento* y su primo, el *efecto placebo*. No hay escapatoria de ello. La evidencia arrojada por múltiples estudios y en muchísimas negociaciones es sobrecogedor.

¡Pero no tiene ningún sentido! ¿Cómo puede ser la gente tan ingenua? No se engañe, usted también lo ha sido.

Incluso con esta información, no se encuentra completamente inoculado de esta brecha mental, pero puede ser mejor, y puede usar el aseguramiento de otra manera que le permita mejorar sus resultados en las negociaciones.

. . .

¿Cómo? En realidad, es muy sencillo. Puede hacer la primera oferta en una negociación. ¿Sabe quiénes son los que no hacen la primera propuesta en una negociación? Así es. Los malos negociadores. O cualquiera que no conozca el valor de lo que se está negociando, así que esperan que su interlocutor sugiera un punto de partida. Ajá. Malos negociadores.

¿Por qué un aseguramiento es tan útil? Porque hay personas que son terribles pensando sobre un dato independiente o cualquier otro dato que tengan a la mano… incluso si ese otro dato no es del todo relevante (como la relación existente entre el saldo bancario de alguien y el costo de una botella).

Cuando usted asegura o ancla una negociación, usted estará dando un dato relevante: la cantidad en la que ha valorado el objeto a negociar. Este aseguramiento es la base que le dará confianza y congruencia en su trato. Por eso es importante que haga la primera oferta en una negociación.

Un ancla aseguradora es increíblemente efectiva. El ejemplo que sigue es simple, y aquí diremos por qué.

Digamos que usted quiere comprar una excelente pero usada caminadora en un momento de motivación para empezar a construir un mejor aspecto físico. Está dispuesto a pagar hasta $1700 dólares, mientras que el monto solicitado es de $2500. Su primera oferta en $1200.

Esto es lo que pasará en la mente de su CN. Escuchará su primera oferta, que es su ancla, y empezará a idear mentalmente los movimientos para incrementar el monto hasta que llegue a un número que pueda aceptar. Si pudiera escuchar los pensamientos de su contraparte, oiría algo así: «No, eso es muy poco. Esperaba recibir $1300 más que eso. ¿Cómo podría aceptar? Quizá ni siquiera aceptaría $100 dólares más. Eso aún es muy bajo. ¿$200? ¿$300? No. Todavía es muy bajo.

¿Qué tal $400 más? Sí, podría aceptar eso». Ahora su CN ha decidido que podrá aceptar $1600 por su caminadora. En menos de quince segundos habrá rebajado en $900 el monto inicial solicitado.

En el mejor de los escenarios, su CN pedirá los $1600, pero probablemente no será así. Puede que sostenga una oferta todavía elevada, como $2000, y eso está bien. Puede ahora usar sus técnicas de negociación para acordar un monto más bajo, un número al que su contraparte se haya resignado a aceptar. Todo por el mínimo esfuerzo de haber arrojado un ancla primero.

Pero incluso en nuestro escenario, usted podría conseguir un mejor trato que los $1600 propuestos como última oferta. El que su CN haya accedido a rebajar el precio inicial es sólo el comienzo, por lo que puede seguir usando sus habilidades de negociación para quizá mejorar el resultado.

Si usted es un escéptico, estará diciendo, casi seguramente: «no puede ser tan fácil». Bueno, en muchos casos, realmente es así de fácil. El aseguramiento puede hacer que su CN se mueva bastante en sus propios márgenes con el casi imperceptible esfuerzo de ofertar primero. La clave está en que el éxito del anclaje no siempre será inmediatamente obvio. En el ejemplo que expusimos arriba, su CN aceptó mentalmente los $1600, pero no lo verbalizó, por lo que no está aún concretado. Usted puede llegar a ese número o a otro mejor, pero necesita trabajarlo.

El anclaje no siempre le dará una oferta que esté dentro de su rango. Para empezar, su CN (o usted) no deben haber evaluado incorrectamente el tema de la negociación para que no existan contradicciones en los márgenes de valor de cada quien.

U, desde luego, si usted está tratando con un negociador experimentado, probablemente se encuentre ante alguien que ya ha sopesado sus rangos de valor anticipadamente. Pero, vamos, si su contraparte fuera así de buena, ya habría hecho la primera oferta en lugar de usted.

Ahora, ¿qué pasa cuando alguien más intenta arrojar el ancla del trato primero? No todo está perdido si eso ocurre. Lo que debería hacer es reiniciar la negociación con un ancla de su elección.

Para hacerlo, responde a una primera oferta con una contraoferta, pero ambos deben detallar las razones de sus respectivas ofertas y demostrar un poco de intransigencia. Algo como esto: «Lo siento. Creo que ese número se aleja mucho de la marca por razones a, b, c. No hay forma de considerarlo posible. Algo como $x es lo máximo que puedo considerar».

Otro punto sobre el aseguramiento o anclaje. Si usted está vendiendo algo, por ejemplo, en un remate o una subasta, entonces no querrá usar esta estrategia. En lugar de eso, abra las ofertas con un número bajo para generar interés. La idea es que usted tenga a la mayor cantidad de personas posible imaginándose en posesión de aquello que está subastando o rematando para incentivarlos a realizar una puja o a comprar. Una vez que una persona empiece a ofertar, será probable que otras personas le sigan.

10

Enfatice las pérdidas, no las ganancias

AHORA ES cuando debemos empezar a sentir lástima por los monos capuchinos, esos que han sido utilizados para determinar las reacciones ante un trato injusto.

¿Qué hay de cuando tienen que intercambiar monedas por uvas? A cambio de una moneda, nuestros monitos desventurados son recompensados con una uva y un chance 50/50 de ganar una segunda uva. Estaban contentos recibiendo una uva, y deliraron cuando se les dio por primera vez una uva y luego otra más.

Pero algunas veces podían tener dos uvas con una posibilidad 50/50 de perder una por orden del investigador. Los monitos odiaban eso La cosa aquí es que el resultado es el mismo. En ambos casos, el mono tenía iguales posibilidades de obtener dos uvas. Lo que pasa es que, en una instancia, nuestro mono siente que está recibiendo una uva extra, mientras que en la otra siente que está perdiendo una de las que ya tiene.

Ahora, torturar monos mentalmente suena divertido, pero ¿cómo reaccionarían los humanos? Realmente, de la misma manera. Se estima que la gente siente el dolor de una pérdida al doble de lo mucho que sienten alegría por una ganancia equivalente. Detengámonos un momento y pensemos sobre ello. La persona promedio con la que esté negociando en el momento estará igualmente motivada por evitar perder $1000 que por ganar $2000.

Para tomar ventaja de este hecho, sólo necesita enmarcar la negociación de tal forma que, si su CN no está de acuerdo con usted, entonces sienta que perderá algo ya tiene en lugar de hacerle sentir que puede ganar algo que no ha conseguido aún.

Nadie está diciendo que esto sea fácil. Tomará algo de meditación de su parte para orientar la discusión de una manera que permita el uso de esta estrategia. Esto es para lo que sirve su preparación al negociar.

Veamos un ejemplo que probablemente ya ha experimentado en carne propia. ¿Alguna vez ha pensado en comprar un artículo de lujo, pero no lo ha hecho por el costo? Entonces ese artículo aparece con un 30% de descuento. Usted dice para usted mismo: «bueno, si no lo compro ahora, más tarde me costaría 30% más».

Mentalmente, eso se convierte en una pérdida para usted, una del 30%. Acto seguido, se apresurará a comprar ese artículo lujoso. La cosa aquí es que no hubiera perdido nada al no comprar ese objeto. Sólo se sintió de esa manera.

Aquí hay una situación más concreta:

- Usted es un representante de una compañía comisionado para tener un arreglo con una nueva unión en un primer contrato, parte de lo cual requiere una mayor paga por hora de trabajo para los empleados con mayor experiencia. ¿Qué oferta tiene más posibilidades de ser acertada?

1. Todos los empleados tendrán un sueldo base de $20 por hora y cualquier otro empleado

que tenga más de 10 años de experiencia recibirá $25 por hora.

1. Todos los empleados tendrán una paga base de $25 por hora y cualquiera con una experiencia menor a 10 años recibirá sólo $20 por hora.

El resultado es el mismo. La única diferencia es que, en primera instancia, se siente como si los empleados con más experiencia tuvieran un bono. En la segunda propuesta, los empleados más recientes parecerían recibir una reducción en su salario. Una pérdida de $5 es mucho más dolorosa que el beneficio generado por un bono de $5, así que la opción A es más probable de ser aceptada que la opción B.

Otro ejemplo:

- Usted está negociando la compra de un negocio de temporada: *La boutique de pesca y bikinis de Bob*. Se han logrado acuerdos en todo, excepto en el valor del inventario existente en la tienda. Bob pagó $100k por el inventario y siente que conseguir menos que eso representaría una pérdida para él. Pero Bob tiene algunas cosas viejas en ese inventario, y usted piensa que sus ganancias en venta no serán altas. Usted sólo quiere pagar $75k (o un descuento del 25% en el precio al por mayor), por lo que puede ofrecerle:

1. 75% del valor del inventario, en cuyo caso Bob sentirá que está perdiendo el 25% del valor del inventario.

1. 100% del valor del inventario, pero sólo conforme los productos sean vendidos. Esencialmente, usted comprará el negocio, pero Bob continuará percibiendo las ganancias del inventario existente y cubrirá la totalidad del valor una vez que todo haya sido vendido.

Puede ser que Bob escoja la opción B, pues sentirá que es un mejor trato para él. Pero hay algunas grandes ventajas para usted si acepta la opción B. De hecho, si no hubiera pensado en que él escogería la opción B, hubiera tenido que reducir el porcentaje propuesto para la opción A por debajo del 75% propuesto. Esto porque:

- Usted no dispone de unos $75k extra para comprar el inventario existente de Bob, al menos no es una sola presentación, por lo que hubiera tenido que pedir un préstamo con un alto interés.

- Usted puede enfocarse en vender los artículos de mayor valor en el inventario existente para pagarle a Bob a la vez que puede invertir en el crecimiento del negocio.

- Tiene, con la opción B, la libertad de incorporar su propio inventario y dejar que el de Bob guarde polvo junto con los peces cantores y las bolas de nieve de alguna trágica isla del Pacífico.

- Y, finalmente, si el inventario de Bob se queda almacenado un tiempo lo suficientemente largo (porque usted controla cuándo se podría vender), Bob podría regresar y ofrecer la venta de lo que quede con un descuento muy significativo.

Al final, la renuencia de Bob a tener una pérdida en la venta de su inventario será un enorme favor para usted a la par que estructura la negociación, haciéndolo elegir la opción que usted deseaba obtener en un principio.

Y todo lo que ha tenido que hacer es enfatizar la potencial pérdida vs. la potencial ganancia. Estoy realmente sorprendido por su habilidad y su sutileza en su negociación perspicaz. Bien hecho.

11

Plantear un rango de valores

PARTE de su preparación de cara a una negociación es decidir su rango de valores, es decir, el mínimo y el máximo que está dispuesto a pagar (o a recibir, si es usted el vendedor) por aquello en trato. También necesita tener una cantidad objetivo, o sea, una cantidad que se encuentre en algún punto entre los números de expectativa altos y bajos. Eso lo discutiremos también en el siguiente capítulo. Es importante, y es un concepto diferente que quiero simplificar un poco en el apartado presente, ignorándolo un poco por el momento.

Porque es más fácil discutir desde un solo lado de la negociación, asumamos que usted es el comprador durante este capítulo. Los mismos principios aplican si es el vendedor. Además, muchas negociaciones no involucran dinero, pero los principios se mantienen: usted debe tener contemplado un máximo para conseguir un acuerdo (su valor alto en el rango) como debe tener por igual un monto mínimo disponible para hacer que su CN acepte el trato (su valor bajo en el rango).

Aquí hay un ejemplo de un rango monetario de valores:

Usted dirige una exitosa y creciente compañía de software en Denver Colorado y tiene un proyecto que está calendarizado. Es importante que entregue a tiempo –el proyecto debe ser ejecutado en nueve meses. Usted está negociando un contrato de empleo para un ingeniero en software que es capaz de echar a andar el proyecto y que puede incorporarse a largo plazo en la compañía.

Hay un número de variables a considerar: qué tanto estará pagando a su prospecto, sus días de vacaciones, los beneficios recibidos, fondos para su educación, las tareas a realizar, la definición de su puesto, oportunidades de dirección, estatus dentro de la compañía, su perfil público, el balance trabajo/vida, fecha de inicio de operaciones, y muchas más.

Pero enfoquémonos sólo en el salario para hacer esto más simple, no sin antes dar una advertencia. Si negociará únicamente en términos monetarios, estará situándose en una posición terrible, así que no lo haga. Hay un número muy grande de otras variables que son tan importante como el dinero, pero bueno, haremos esto sólo porque queremos simplificar la situación en este ejemplo.

El candidato tiene diez años de experiencia. Viene con muy buenas recomendaciones de gente en la que usted confía. Generó ganancias equivalentes a $140k por año en su trabajo anterior. Y usted lo necesita. No tiene otros candidatos viables y se encuentra usando los servicios de una agencia temporal cuyo contrato equivale a $240k por año. Bueno, también tiene un colega que le haría el favor de trabajar por $170k al año, pero realmente se compromete nada más a cuatro meses de trabajo seguro, lo que no es suficiente para completar el proyecto urgente, pero le daría un poco de tiempo para contratar a alguien más.

Mientras que hay otros empleados potenciales para el puesto, su compañía crece rápidamente, por lo que hay espacio para el avance y la contratación de nuevos elementos.

Usted necesita decidir un rango. ¿Cuál es el monto mínimo que podría ofrecerle a un candidato? ¿Cuánto es lo máximo que podría pagar? (Dejaremos la determinación de un punto intermedio para el siguiente capítulo).

Vamos primero con el número más bajo. Usted decide que $120k al año como primera oferta es pertinente por las siguientes razones:

- Su candidato *podría* querer mudarse a su área, pues hay muchos resorts de esquí de clase mundial cerca. El esquí no fue mencionado directamente en la entrevista, pero él o ella ha mencionado que vacacionó en el Lago Tahoe el febrero pasado, por lo que usted ha pensado que esos resorts podrían resultar atractivos.
- Se estará mudando desde Nueva York, donde

el costo de vida es mucho más elevado. Un salario de $120k anuales dan un estándar mucho mejor de lo que podrían $140k en la gran ciudad neoyorquina.

- El candidato o la candidata tiene diez años de experiencia, pero sólo los últimos tres están relacionados con el software que usted utiliza.
- Usted sabe que el prospecto es ambicioso y que su compañía, más que otras en el área que podrían competir por sus servicios, está creciendo y ofrece mejores oportunidades.

¿El candidato o la candidata accederá al trato de $120k anuales? Quizá, pero devalúa sus habilidades en su mercado. Pero aquí está el poder del número bajo en su rango de negociaciones: si ella o él ve las cosas de la misma manera que usted, lograrán un acuerdo.

Quisiera repetir eso. Si todas las razones que ha dado para justificar el salario de $120k como primera oferta son aceptadas por su candidato, entonces será más probable que acepte la oferta. Este número estará justificado en su mejor caso, pero incluso si una de sus razones no es tan importante para el candidato, entonces su oferta de $120k anuales será rechazada (y es probable que lo sea incluso sin presentar contraargumentos). Si los padres de su candidato viven en Hoboken Nueva Jersey, entonces la atracción de mudarse a su área disminuya significativamente e incluso podrían hacerle incrementar su demanda salarial.

El punto es que su número bajo represente un valor junto en su negociación su CN está de acuerdo con cualquier argumento que vaya a presentar. Eso puede o no suceder (y la negativa es más frecuente), pero al dedicar tiempo a su número bajo, ambos han justificado el grado de pertinencia de la cifra y han establecido efectivamente la preparación para la negociación. Para entonces, usted ya debe contar con una lista de argumentos que le posicionarán para ofrecer el mínimo monto justo posible.

¿Y el número alto? Bueno, usted podría llegar a pagar $170k de ser necesario. Hay muy pocos programadores especializados en su área, e incluso tres años de experiencia relevantes son suficientes. Además, ha escuchado que su prospecto es realmente bueno. Usted también está pagando $20k por mes a esa agencia temporal que realmente no hace rendir su dinero. Su nuevo producto está en riesgo de salir tarde al mercado, lo que costará a su compañía mucho dinero y daño a su reputación. Adicionalmente, usted quiere algo de soporte para después de haber concretado el proyecto, y desde luego que tiene otros en puerta.

Usted no podría pagar más de $170k porque tiene un colega que está dispuesto a trabajar por ese monto. Sabe que él es grandioso, y que eso le daría más tiempo para contratar a alguien más. Usted tiene la confianza de conseguir a alguien más en el debido tiempo que pueda trabajar por $170k al año o menos.

Y así es como tenemos un rango de valores. Lo

mínimo que está dispuesto a pagar es $120k y lo máximo que podría dar es $170k.

Quisiera señalar algo acerca de los rangos de negociación: ¿nota que el número bajo ha sido determinado en torno a su CN? ¿Cuál es el mínimo que él o ella estaría dispuesto a aceptar si todos los argumentos presentados son aceptados? Y el número alto se formula entorno a usted, pues es esencialmente el máximo que usted está dispuesto a pagar según sus propias circunstancias.

Tenga eso en mente cuando establezca rangos en sus futuras negociaciones. Cuando esté presentando argumentos a su CN, asegúrese de hacer que su contraparte los entienda y comprenda por qué le son relevantes. Y con el número alto, asegúrese de formularlo basado en una evaluación realista de qué tanto podría estar pagando, no dejándose llevar por una inflación artificiosa surgida de una escasa preparación o falta de introspección en su situación.

Los rangos de negociación toman tiempo para establecerse, y así debe ser. Son una parte crucial de cualquier preparación para negociar. Le ayudarán a ordenar sus argumentos y también a prepararse para presentarlos. No deje de lado ese esfuerzo.

Nunca debe pagar más que su número alto formulado previo a la negociación (o aceptar menos del monto mínimo estipulado si usted es el vendedor) a menos que nueva información sustancial sea revelada durante la negociación. E incluso entonces, tenga cuidado. Es muy fácil, a menos que sea cuidadoso, pagar demasiado en una negociación si no se tiene la disciplina requerida para retirarse de la conversación.

Si realmente hay nueva información que podría indicar que su rango original está equivocado, probablemente deba tomarse un respiro, dedicar algo de tiempo para contemplar cómo la nueva información afecta su rango de valores e intentar de nuevo en otra ocasión.

Añadiré una idea más a este capítulo porque, mientras es un principio de negociación crucial, es fácil de entender y no amerita un capítulo por aparte: la Zona de Acuerdo Potencial (ZAP).

Todo lo que ZAP significa es que, en una negociación cualquiera, debe haber una coincidencia entre sus números altos y bajos y los que estén contemplados en los rangos de su CN. Si no la hay, entonces no habrá acuerdo (a menos que uno de los dos modifique sus rangos).

Ahora, usted está listo para negociar. Bueno, casi. Vayamos ahora a revisar ese *monto objetivo* que mencionamos anteriormente y al que le prometimos un tratamiento debido en el capítulo que sigue.

12

Establecer un monto objetivo o monto meta

EN EL CAPÍTULO anterior discutimos un rango de valores, tanto el mínimo que estamos dispuestos a ofrecer como el máximo que podríamos permitirnos. Ahora hablemos sobre un objetivo de negociación, es decir, algún valor entre esas dos cantidades.

¿Y por qué necesitamos un monto objetivo? Pues para no ser estúpidos. No hablo de usted (yo sé que no es estúpido, es decir, mírese, compró este libro y lo está leyendo.

Usted destaca de entre los demás), pero hay muchas personas que son víctimas de limitaciones mentales predecibles. Usted seguramente los reconoce bien, pero, si sabe que existen, entonces puede crear estrategias para superarlas.

Determinar un objetivo es una de esas estrategias para superar las limitaciones mentales. Lo que queremos es apuntar hacia un objetivo que no implique explorar los límites de nuestros rangos.

NO PIENSE EN ELEFANTES.

Usted acaba de visualizar un elefante. ¿Por qué? Porque le di una imagen fácil para que la pensara. Piense en un conductor que, cuando ve un peligro en el camino, se dirige a ese peligro. Este fenómeno al conducir se le conoce como *fijación*.

Desde que todo el mundo está sujeto a la fijación de objetivos, tendemos a ser menos exitosos en las negociaciones. Tendemos a enfocarnos en el monto máximo (o en el monto mínimo, si estamos comprando) de nuestro rango cuando negociamos. Inconscientemente empezaremos a apuntar a ese número nada más, causando detrimento en nuestras posibilidades de tener una negociación exitosa, porque no contemplamos otra cifra en el medio.

Conforme la negociación progresa y usted se aproxima al extremo de su rango, ese número se convierte en su referencia. Usted se dice mentalmente «bueno, estará pagando más de lo que hubiera querido, pero aun así estoy $20k por debajo de mi límite más alto». Comparamos mentalmente nuestra oferta vigente con nuestro número de retirada, vislumbrando qué tan lejos estamos del límite que estamos dispuestos a dar (o el mínimo que estamos contemplando recibir, si somos el vendedor).

Es por eso que necesitamos un monto objetivo. Es un número entre sus límites de valor, esos números muy altos o muy bajos, que se siente asequible si la negociación marcha por buen rumbo. Lo veo como esto: si usted se ha preparado adecuadamente para su negociación y sus rangos están justificados y son acertados, entonces no estará teniendo un trato exitoso si termina pagando el monto límite propuesto. Sólo ha pagado el monto más alto posible que pudo justificar. Probablemente cualquier idiota podría sentirse realizado con ese trato. Pero usted no es idiota.

El monto objetivo es la verdadera transacción exitosa. Representa una buena negociación a la vez que es más realista que su número más bajo (si es el comprador). Y, lo más importante, es que le dará algo en qué enfocarse que no es tan arriesgado como sus números de retirada.

Regresemos al ejemplo del capítulo anterior. Nuestro empresario contratante tiene un rango que va desde $120k hasta $170k y, si la negociación es deficiente, terminará pagándole al prospecto los $170k que constituyen su límite más alto. Puede que valga pagarle esa cantidad, pero ni un centavo más. Si sólo toma en cuenta el límite más alto, no hará más que enfocarse en evitar alcanzarlo, y querrá que lo ofrecido se acerque a esa cifra. Se plantea como monto objetivo $150k. Eso es lo que planea dar para su nuevo ingeniero en software y sólo si la negociación se aproxima peligrosamente a un desacuerdo, accederá a llegar al límite alto de su rango.

Ahora que se ha enfocado en su objetivo, podrá permitirse comunicarlo a su CN. Pero ahora vayamos al siguiente capítulo sobre los Incrementos decrecientes para discutirlo con mayor detalle.

13

Incrementos decrecientes

No todas las negociaciones son sobre precios y no todas las negociaciones involucran múltiples ofertas y demandas, pero en cualquier instancia en la que usted se encuentre realizando varias de ellas, se topará con la necesidad de incrementar su oferta (o reducir su demanda) en montos coherentes. Los *incrementos decrecientes* es una de pocas reglas efectivas y rápidas indispensables a la hora de negociar. Desde luego que, como todas las reglas, ésta puede romperse cuando las circunstancias así lo demanden, pero eso debe ocurrir muy pocas veces, si es que no jamás.

Entonces, ¿qué son los incrementos decrecientes? Significa que cada oferta a la que haga cambios varíe por una cantidad cada vez más pequeña. Adicionalmente, todo cambio en su oferta debe tener una razón de ser, y esa razón justificará a la vez la cantidad que cambia.

No creo que exista una forma de ponerlo más sencillo por escrito, así que acudiré a un ejemplo:

Usted quiere comprar un negocio y ha acordado todos los aspectos salvo el precio. Su precio meta o monto objetivo es de $350k. Usted ha delimitado su rango y puede justificar razonablemente un precio de $270k, por lo que este será el límite más bajo de su rango y probablemente su primera oferta. (Recuerde que he dicho con anterioridad que cualquier oferta que haga debe ser justificable).

Ha hecho su tarea concienzudamente y ha decidido que su número de retirada o su monto más alto posible será de $400k. Más allá de este precio no tendrá sentido continuar con la negociación. Pagar incluso un céntimo más que esto será demasiado, por lo que no accederá a ninguna cifra superior a esa cantidad.

No conocemos los rangos de la otra persona y, de hecho, puede ser que nuestra contraparte no haya planeado unos. Así es como podría ir una negociación de múltiples ofertas y demandas:

. . .

RONDA
SU OFERTA
CAMBIO
DEMANDA DE CN
CAMBIO
UNO
$270k
n/a
$440k
n/a
DOS
$305k
$35k
$410k
$30k
TRES
$330k
$25k
$370k
$40k
CUATRO
$340k
$10k
$365k
$5k
CINCO
$345k

$5k

$350k

$15k

SEIS

$347k

$2k

$347k

$3k

El negocio se vende por $347,000

Como puede verse, su primera oferta fue de $270k, suponiendo que ha expuesto las razones por las cuales este monto es apropiado. (Vea el capítulo "Quién hace la primera oferta" para más información sobre este tópico). El vendedor pide $440k, a lo que responde con una oferta de $305k y así sucede a lo largo de seis rondas hasta que, finalmente, usted y el vendedor acuerdan un precio final de $347k. Nada de esto es tan difícil como la ciencia espacial, pero fíjese en las cantidades que va ofreciendo. En cada caso, el incremento en la oferta para cada ronda va decreciendo en cantidad. La oferta inicial aumenta $35k en la segunda ronda, luego sólo $25k para después hacerlo nada más por $10k, $5k y finalmente $2k.

Conscientemente o no, la contraparte nota que la negociación se acerca a un punto de culminación, sea mediado por sus rangos mínimos o máximos. Esto manda un mensaje vital. Contrario a lo que pueda pensar, como negociador usted querrá ser predecible y tener un mensaje consistente y coherente, y los incrementos decrecientes son una buena manera de señalar sus intenciones.

Contraste los cambios en las ofertas del comprador con las demandas del vendedor. El vendedor no parece tener una verdadera noción de lo que quiere por el valor de su negocio. Puede ser que realmente sólo está intentando recibir tanto dinero como sea posible, y venderá su objeto por cualquier oferta que resulte ser la más alta posible, sin mirar demasiado a la que pueda resultar.

Con ello también está señalando que no se encuentra muy seguro acerca del precio que debería recibir. Eso lo deja a expensas del comprador, quien puede echar mano de una oferta muy baja o cualquier otra que puede resultar sorpresiva.

Una última cosa acerca de los incrementos decrecientes: usted puede y de hecho debe tener una estrategia dinámica. Tal vez se encuentra dispuesto a pagar más, pero si la negociación es tal que su CN aparenta moverse lo suficiente hacia su cifra final como para indicar que accederá a ella pronto, entonces empiece a ofrecer algo que le beneficie todavía más a usted.

.   .   .

Probablemente obtenga un mejor resultado del esperado. En el ejemplo anterior, si el vendedor decrece su demanda rápidamente en una segunda vuelta (que en vez de haber pedido \$410k pida \$370k), inmediatamente reduzca su oferta, por ejemplo, de \$350k a \$320k, y haga lo posible para cerrar el acuerdo con esa cantidad.

14

No negocie en su contra

EN EL ÚLTIMO CAPÍTULO, hablamos acerca de una de mis reglas más certeras y rápidas que en muy pocas ocasiones (si es que nunca) debería romperse. Aquí va otra…

Cuando se encuentre en una negociación con múltiples ofertas y demandas, nunca haga dos ofertas (o dos demandas) seguidas. Negociar en contra de sus propias propuestas es una clara señal de inexperiencia en la negociación, lo que le dará pistas a su CN que podrían resultar en un mal trato para usted.

Siempre tome turnos. Usted hace una oferta, la contraparte hará una demanda, luego usted hará una oferta, y así sucesivamente.

. . .

Sólo porque sea una regla para usted no significa que deba dejar de intentar esta estrategia con su Compañero de Negociación. A menudo es una buena manera para dar un gran salto desde lo estipulado por su CN de vuelta al inicio y también para establecer expectativas claras acerca de qué tanto usted está dispuesto a pagar.

La otra cosa que hace es que le dará un sentido inmediato de las habilidades de su contraparte. Si él o ella hace una demanda y usted se limita a rechazarla, y su CN inmediatamente hace una nueva demanda más baja, probablemente usted esté lidiando con un negociador inexperto.

Pero tenga en cuenta que la forma en que rechace una oferta o una demanda es importante. Un simple 'no' o una frase como «no puedo tomar eso. Debe tener algo mejor para mí» puede definitivamente sonar demasiado arrogante, y bueno, nadie quiere un 'no' como respuesta.

Efectivamente, como lo hemos visto en el capítulo "No sea un cretino", si usted es percibido como un cretino, será probable que su CN simplemente abandone la negociación. Así que asegúrese de rechazar con tacto.

Puede intentar algo como: «lo siento, pero ese monto me parece muy elevado/muy bajo. ¿Tiene alguna otra cifra en mente?».

. . .

Otra ocasión en la que esta táctica puede resultar útil es cuando ya se han intercambiado varias ofertas y demandas y no terminamos por acercarnos a un acuerdo, o bien, que se observe que nuestro CN no se mueve tanto como quisiéramos. En ese caso, sí que puede venir bien decir un 'no', seguro y directo.

El objetivo aquí es reiniciar la negociación, ser muy claros acerca del punto en que nos encontramos, imposible para continuar negociando, a menos que su CN haga un movimiento significativo. Desde luego que esto es riesgoso, pues su CN podría abandonar la conversación, así que use esta estrategia sólo si está seguro de querer hacerlo, o a menos que las probabilidades de llegar a un acuerdo se vean comprometidas por la excesiva moderación de su CN respecto a sus expectativas.

Y bien, ¿qué hacer cuando alguien use esta estrategia con usted? Si es una respuesta a su primera oferta o demanda, no realice otra inmediatamente. Pregunte a su CN por la razón de su respuesta y pídale una contraoferta. Si no recibe una, entonces retírese de la negociación. Se está enfrentando con un idiota. No recompense esas actitudes con su atención.

. . .

En cualquier otro caso, al menos considere la posibilidad de haber infravalorado el objeto de la negociación. Siempre es posible que su preparación no haya sido suficiente, o que simplemente haya cometido algún error en su evaluación. Sin embargo, si usted está seguro de sus números, entonces puede refutar cualquier oferta o demanda si lo considera pertinente. Un simple «no negociaré en mi contra» será más que suficiente. Luego, espere para ver si su CN hace otro movimiento o si la negociación se da por terminada.

Desde luego, con las respuestas mencionadas aquí, la negociación puede terminarse en ese mismo momento.

Puede ser que usted y su CN estuvieran demasiado en desacuerdo, de forma tal que no lograran establecer una ZAP (Zona de Acuerdo Potencial), y tratar de llegar a un monto objetivo hubiera resultado en una pérdida de tiempo. Pero eso está bien porque usted tiene una MAAN lista, ¿no es así?

15

Escucha selectiva

USTED ESTÁ BUSCANDO una buena compra en el mercado de los bienes raíces. Una nueva casa tiene un precio de lista de $1.1 M, pero, siendo un buen negociador, le pedirá a su agente que pregunte cuánto es lo que *realmente* piden por la casa. Una vez que su agente y el vendedor haya conversado, recibirá una pregunta como esta: «quieren algo entre los $950k y $1M».

¿Qué es lo que escucha? ¿Escucha acaso que el vendedor pide $1M? Nope. Todo lo que usted ha escuchado es que el vendedor quiere $950k. Como comprador en esta situación, nunca menciones el número alto otra vez. Simplemente ha dejado de existir. Empiece a hablar sobre la demanda de $950k y después argumente por qué ese número no funciona para usted.

.   .   .

Como vendedor, esa situación se revierte. Si alguien le indica que quiere pagar «algo entre $1000 y $1200» por un objeto que usted tenga a la venta, entonces ignore el número más bajo, vamos, como si hubiera dejado de existir. De nuevo, tan pronto como pueda, repita el número que quiere (y sólo ese número) y empiece a avanzar desde ahí.

Seamos perfectamente claros. Usted está vendiendo un auto usado y lo valúa en $6k. Le hace publicidad solicitando $7k. Le hacen una llamada interesándose por el carro.

El posible comprador dice algo como, «de verdad me gusta el auto, pero no podría pagar los $7k. Sólo podría darle en un rango entre $5000 y $5500». Su respuesta inmediata debe ser: «lo siento, pero $5500 es muy bajo para mí, porque…».

Las especificaciones de su caso serán diferentes, y dependiendo de si es un comprador o un vendedor ignorará el monto más alto o el más bajo, pero se hace una idea de esto ya. Y esto no sólo aplica a negociaciones que involucran dinero.

Si le está hablando a un proveedor acerca de fechas

de entrega y le dan un rango de horarios y días posibles, ignore aquellas que estén fuera del rango que esté contemplando. Si usted está hablándole a su esposo acerca de qué color debería pintar la sala y él sugiere algo que sea muy oscuro o sea tonalidad de azul, pero usted aborrece esos colores, su respuesta será clara: «estoy de acuerdo contigo: un verde claro será idóneo», aunque eso no haya estado contemplado para él.

Entonces, ¿por qué la gente ofrece (o pide) por medio de un rango de valores en lugar de sólo un número? Pienso que la razón puede estar basada en una falta de confianza en el tema de la negociación y una vaga esperanza de lo que podría esperar como máximo, pero con el miedo de ofender al poner una primera oferta sólida. Intentan suavizarla al combinarla con un número tan bajo que realmente no puede ser sostenible.

Su trabajo es comprometer inmediatamente a su contraparte con la cifra más favorable para usted, sea si está usted vendiendo o comprando. Bueno, ya se hace una idea de esto.

Cerraré este capítulo con un chiste (malo) que es muy viejo. Un chico corre a ver a su padre y le pide $30 para ir al cine. El padre contesta: «¡$20! ¿Cómo se supone que sea capaz de darte $15? ¡Wow! $10 es mucho dinero. Bueno, aquí tienes los $5 que me pediste». (O iba algo menos así. Soy pésimo para recordar chistes).

Normalmente pondría esto como una nota al pie, pero es algo largo y estoy completamente seguro de lo que diré a continuación y, bueno, quería asegurarme de ponerlo donde pudieras leerlo.

Tengo una especial antipatía hacia los vendedores de bienes raíces que se perciben a sí mismos como buenos negociadores cuando en realidad son, por diseño, terribles negociadores.

Sus motivaciones no los persuaden genuinamente para alcanzar el máximo monto posible para un vendedor ni la oferta más conveniente para un comprador.

¿Por qué? Primero lo más fácil. Si usted está comprando una casa, su agente de bienes raíces percibirá una mejor comisión si la vende por más dinero. Entonces, ¿por qué querría minimizar el monto a pagar? Sólo le costaría una disminución en sus ingresos. Adicionalmente, incluso si el incremento en la comisión no fuera una motivación, pasearlo de casa en casa le cuesta tiempo, valioso tiempo que podría aprovechar haciendo otra cosa, como comprarse una nueva Lexus para impresionar a sus clientes con lo exitosos que son. En suma, incluso el agente del comprador hará todo lo posible por vender una casa en el menor tiempo posible, lo que a menudo significará entablar malas negociaciones con el ojo puesto en conseguir más dinero.

Y para los agentes de venta, el incremento marginal en la comisión que generaría un precio más alto no vale realmente el esfuerzo ni el tiempo extras. Sobre una casa con valor de $1M, la comisión debería ser $33k (6% sobre los primeros $100k y 3% sobre el resto). El agente de bienes raíces entonces dividirá la comisión típicamente con el agente de compra y luego volverá a dividir su comisión con su agente comercial. Así que, después de todo, el agente de ventas de bienes raíces sólo estará percibiendo $8250 aproximadamente.

Pero vamos a decir que realmente se esfuerza y hace que el comprador pague otros $50k. El incremento en sus comisiones netas será apenas de $375. No está ni siquiera cerca de lo suficiente para arriesgar la pérdida de toda la venta. Ni qué mencionar del dolor de trasero que es mostrar muchas casas a otros después de estar en el ajetreo de un *open house* y estar presente en una campaña de promoción, y demás.

. . .

Así que, si se encuentra trabajando con un agente tanto como comprador como vendedor, sepa que la motivación principal de él o ella estará en vender o comprar tan rápido como sea posible, a expensas del precio final.

16

Dividir las diferencias

Dividir la diferencia en una negociación es una manera casi gratuita de hacer que su CN haga una mayor concesión conforme avanza el trato. La técnica funciona casi siempre en una situación muy común: usted y su contraparte han hecho múltiples ofertas y demandas, acercándose cada vez más a la posición del otro y ahora parece que han llegado a un punto muerto en el que nadie quiere moverse ni un céntimo más.

Cuando ese momento llegue, suspire y diga: «¿Qué tal si dividimos la diferencia?». Funciona porque la gente, incluso la que es idiota, tiene una necesidad de ser cooperativa y de ser vista como tal. Parece una sugerencia razonable. Las personas están casi diseñadas para estar de acuerdo entonces.

. . .

Aquí hay un pequeño ejemplo de cómo usar la división de diferencias en ventaja suya. Usted quiere comprar un auto usado y está dispuesto a pagar hasta $5000. En la mejor de sus suposiciones, cree poder comprar el auto por $4500. Su primera oferta es $3000. El vendedor ha pedido $6000, a lo que sigue un intercambio de algunos números entre usted y él.

Usted ahora ofrece $4000, mientras que el vendedor ha arrojado una demanda final por $4900. Esa cifra ya se encuentra por debajo de su monto máximo, y el vendedor no planea moverse de ese número. Sería fácil aceptar y pagar esos $4900. Después de todo, el actual dueño del auto dice que es lo más bajo que puede conceder.

Pero no cierre el trato todavía. Espere un momento, suspire y use estas palabras mágicas: «¿Qué le parece si dividimos la diferencia?». Si lo ha hecho correctamente, esto funcionará la mayoría de las veces, y de repente, virtualmente sin ningún tipo de esfuerzo o tiempo malgastado, usted estará comprando el auto por $4450, a medio camino entre su última oferta y la de su inter-locutor.

Sin tener que decir lo obvio, no use esta estrategia si al dividir la diferencia resulta un monto que le haría pagar más de lo que realmente estaba dispuesto. Sólo debe hacer un poco de matemática mental para saber el rumbo de su propuesta. Si le cuesta trabajo, saque su teléfono móvil y use la calculadora (y piense en su profesor de cuarto grado, ese que le sermoneaba con que debía aprender a sumar y restar porque 'no siempre iba a tener una calculadora a la mano'). Esto realmente no viene bien a la negociación, pues hará claro que está haciendo un cálculo frío y no sugiriendo una estrategia para resolver el problema de tal forma que ambos salgan beneficiados. Sacar la calculadora, en pocas palabras, hará más difícil llegar a un acuerdo.

Pero, recuerde: todo esto debe ir apropiadamente. Necesita haber mantenido un intercambio de varias ofertas/demandas para acercarse al último monto realizable de cada quien, hasta llegar a ese punto en el que parece que nadie se moverá ni un poco más. Entonces espere. Espere un poquito más. Luego use las palabras mágicas.

Esto no funcionará si lo apresura. Si la primera demanda por el auto fue de $6000 y su primera oferta fue de $3000 e inmediatamente sugiere repartir la diferencia, el vendedor le mirará como si usted tuviera dos cabezas.

Y bueno, ¿qué hacer cuando alguien intente usar esta técnica con usted? Es sencillo. Ponga cara de perrito triste y diga «lo siento, realmente no puedo ir tan bajo». Y luego, nada. Las siguientes palabras deben venir de su CN. Usted tiene un buen chance de tener su última oferta aceptada, o al menos de recibir una un poco mejor.

Una última cosa acerca de dividir la diferencia. No siempre tiene que ser acerca del dinero. Dividir la diferencia al negociar puede tratarse igualmente de una fecha de entrega con un proveedor. Divida la diferencia cuando se encuentre negociando el periodo vacacional de un nuevo empleado. Incluso puede hacerlo cuando el asunto en cuestión no sea cuantificable. Si está negociando en términos de un contrato con múltiples cláusulas, ofrezca aceptar cuando menos dos de los requerimientos de su CN a cambio de tener dos propios aceptados.

17

Las ofertas del tipo ¿Y si esto pasara?

SOLÍA TRABAJAR con un abogado que admiraba bastante. Era inteligente, confiado, muy bien hablado y, en general, un buen tipo. Pero lo que más admiraba de él es que tenía un talento para dar opiniones aparentando un auténtico conocimiento sobre la materia sin realmente saber nada al respecto. Esa es una gran cualidad cuando se es un abogado.

Trato con muchos abogados y esta es una habilidad a la cual casi todos parecen aspirar, porque significa que no podrían equivocarse. Cuando le di instrucciones a mi amigo abogado sobre un asunto, él las seguiría a pie juntillas, pero él nunca tuvo que tomar responsabilidad del resultado de ninguna decisión desde que su 'consejo' era, en retrospectiva, inevitablemente vago.

Una oferta del tipo '¿y si esto llegara a pasar?' se parece a lo que hacía mi amigo abogado. Úsela cuando quiera aparentar un compromiso sin estar haciéndolo realmente.

Este tipo de ofertas son mayormente útiles cuando actúa como un agente de quien toma las decisiones reales, y cuando quiere que su CN mueva su posición sin arriesgar nada en realidad.

Esto se consigue por medio de un proceso de tres pasos:

1. Realice una oferta basada en supuestos. '¿Qué pasaría si…?'
2. Haga que su contraparte esté de acuerdo.
3. Formule una razón que le permita modificar su oferta hipotética sólo un poco.

La meta aquí es que pueda dirigir a su CN hacia el camino de un acuerdo que usted desee concretar por medio de situaciones hipotéticas. Entonces, usted pide un poco más para su oferta. Ese cambio requerido a su contraparte debe ser lo suficientemente pequeño para que su CN no le preste mucha importancia. Para entonces, las cantidades deben haber cambiado.

Vamos con el ejemplo. Usted se encuentra negociando por una nueva pieza de equipo para su fábrica. Después de algunas discusiones prolongadas con su CN, acuerdan un precio ($270k) y una fecha de entrega (15 de marzo del siguiente año) y ahora se encuentra negociando un acuerdo para la instalación. Usted quiere que el vendedor tenga equipo en planta durante los dos meses posteriores a la entrega para supervisar problemas de producción, capacitación, programaciones, etcétera.

El vendedor sólo le ofrece presencia en planta durante tres semanas y tres semanas más de asistencia por video-conferencia. Después de un aparente estancamiento, usted dice «¿Qué pasaría si accedo a un mes de asistencia presencial y dos semanas de apoyo remoto?». El vendedor accede porque ese es un compromiso razonable. Ahora tiene al vendedor enganchado.

Cuando el vendedor saque los papeles para acordar la compra, usted puede hacer una pequeña charla con menciones entre líneas: «¿Y qué hay sobre el acuerdo para los servicios?». Puede continuar diciendo al vende-dor: «Discúlpeme. He olvidado eso. Supongo que estará de acuerdo con otorgar servicio durante un año a las partes solicitadas, sumado a una garantía».

El vendedor, quien ya había calculado mentalmente su comisión y pensado en cómo iba a gastarla, probable-mente accederá a conceder estas pequeñas peticiones.

18

La estrategia del lunático

Si USTED HA LEÍDO MÁS de dos libros de estrategia para el negocio, probablemente se ha enterado ya de Hernán Cortés y su decisión de quemar los barcos para motivar a sus guerreros para pelear contra los aztecas. Este relato refleja la importancia de un incentivo adecuado, pues los hombres de Cortés enfrentarían la muerte si perdían en las batallas, pues con los navíos destruidos, no había opción para huir.

Así, los hombres del conquistador español estuvieron increíblemente motivados, ganando sus encuentros incluso con las posibilidades en contra. Todo el mundo conoce a ese hombre barbudo como un genio. Desde luego que aquí hay algo de un sesgo de selección. Si la acometida de Cortés hubiese fallado, nunca hubiéramos sabido de ella. Me pregunto cuántos otros en la historia han intentado este tipo de estrategia, pero fallaron. Y porque fallaron, nunca lo sabremos.

Además del conflicto ético, me pregunto cómo el ejemplo de Cortés podría ser verdaderamente un ejemplo de buen liderazgo. Creo que poner tu compañía en una situación tan radical que sólo el triunfo arriesgado o el sufrimiento fatal sean las únicas opciones, pues, suena más a una masacre autoimpuesta.

Pero en las negociaciones hay algo que debe tomarse casi con beligerancia, una posición que debe defenderse sin importar la razón, la justicia o el sentido común.

Llamo a esto 'la estrategia del lunático' (por si no leyeron el título de la sección).

Incluso si no tiene justificación alguna que sustente su posición, usted simplemente puede advertir que no la abandonará sin importar lo que pase. Esencialmente es forzar a su contraparte a aceptar su posición o perder el trato.

Se parece a un juego de gallinas: dos idiotas conducen autos en trayectoria de colisión frontal a alta velocidad hasta que uno 'se vuelve gallina' y vira el volante para evitar el desastroso choque. Hay una forma de asegurar su victoria en el juego de las gallinas: amarre su volante para evitar moverlo y luego haga saber a su contraparte que ha hecho esa locura. Usted ha eliminado la posibilidad de virar el volante, así que su CN se verá obligado a hacerlo.

También han existido usos más racionales de la estrategia del lunático. Durante y después de la Segunda Guerra Mundial, Charles de Gaulle asumió una posición irrevocable en negar la entrada de Inglaterra a la Unión

Europea, haciendo que sus Compañeros de Negociación (en este caso, el resto de países europeos) pudieran o aceptar su posición o enfrentarse a consecuencias económicas catastróficas.

Entonces, ¿cuándo usar la estrategia del lunático en sus negociaciones? En cualquier momento que no pueda justificar su posición, pero aún así quiera obtener algo de su contraparte.

Digamos que tiene un terreno en la parte rural de Colorado que ya no necesita. Sabe objetivamente que su valor ronda los $225k, y ha hablado con un vecino interesado en él. El problema es que, si vende esa tierra y luego desea regresar a vivir a ese lugar, necesitará más de $225k para establecerse. Calcula que, para eso, necesitaría al menos $275k. Sin esa cantidad no puede realizar sus planes, pero su terreno sólo vale $225k.

Es tiempo de utilizar nuestra estrategia kamikaze. Le dirá a su vecino que quiere $275k por la propiedad. Respuesta, siendo un sujeto razonable, será que su terreno sólo vale $225k. Usted estará de acuerdo con que eso puede ser posible, pero no completamente cierto. Adhiérase a su número. «Necesito obtener $275k por él». Su vecino inicia la justificación de su propuesta. Usted lo mirará como si él estuviera hablando Yahgani. Usted habla más claramente: «Doscientos setenta y cinco mil dólares».

Ahora su vecino debe hacer una elección. Puede pagarle $275k por su propiedad (desembolsando $50k de más) o no obtener nada. Y bueno, nunca se sabe, puede que pague lo que usted pide porque para él es más valioso de lo que podría sugerir el valor real.

Y el asunto es que usted se encuentra en una situación sin pérdida posible, sea que el trato se concrete o no. Este trato fallido no lo deja en peor posición.

Hay dos modificaciones que puede implementar a la estrategia del lunático.

- Advierta con hacer algo si las cosas no van según su preferencia. Y asegúrese que esa advertencia no le cueste nada a usted. En el caso del terreno y el vecino, puede decirle que, de no vender la propiedad, usted planeará cortar algunos árboles de su lado de la cerca para venderlos como leña, destruyendo así el espacio de sombra que el vecino contempla normalmente para su jardín. Puede ser algo veladamente amable, como «si me quedo allí, quizá corte los árboles que están sobre la línea de la propiedad. Necesito hacer espacio».

- Advierta con hacer algo si las cosas van de acuerdo a su preferencia. Y así, tampoco debería costarle nada si vende su propiedad por los $275k iniciales. Tal vez pueda prometerle a su vecino dejar habilitado el invernadero y algo de su equipo de jardinería, pues ya no lo necesitará si se muda a la ciudad.

19

La regla de El padrino

TODOS HEMOS HECHO algo para que los otros hagan las cosas que inicialmente no querían hacer. Si presta atención, encontrará este comportamiento existiendo en pequeñas cosas día con día.

Si no ha visto El padrino, en verdad debería hacerlo. Es una gran película. Incluso podría aprender algo de ella… porque, a veces, es necesario actuar como Don Corleone. Y no, no me refiero a empezar una guerra de mafias, sino a negociar con aquellos que en un principio no quieren negociar.

El que alguien no quiera negociar con usted puede suceder por varias razones. Puede que sea porque están ocupados, o porque no ven el valor en aquello que usted ofrece, o son perezosos, o usted no les agrada, o simplemente huele a algo raro.

Aunque la razón verdadera por la cual no se encuentran negociando es que están felices con lo que ya tienen y no ven razón para cambiar. Digámoslo de otra manera: tienen el sesgo del *status quo*, que es cuando la gente prefiere mantener su situación actual a efectuar cualquier modificación.

Sea lo que sea que estén realizando en ese momento les funciona, y cualquier cambio representaría un riesgo, así que se resisten a que eso suceda, incluso si es evidente que el cambio es necesario. Al menos hasta que se convierta en una crisis de algún tipo, el caso de quedarse donde están es preferible.

Usted necesita encontrar una manera en que la situación actual de su CN se convierta en algo poco deseable para que así tomen la negociación como su nuevo curso de acción. Para que eso suceda, la situación potencial de su CN debe transformarse. Si espera que eso suceda sin tomar acción alguna de su parte, tendrá que esperar a que el universo entero se incline a su favor. Pero no queremos esperar porque somos hombres y mujeres de acción, ¿verdad?

El desafío es, entonces, encontrar una manera de efectuar un cambio que no haga enojar a su potencial CN al punto que prefiera castigarlo a tener una negociación. (Revise los capítulos titulados 'No sea un cretino').

Es un concepto simple, pero aquí se presentan unos cuantos ejemplos en beneficio de la claridad:

- Usted vende un pequeño pero vital componente a un manufacturero de equipo, pero igualmente tiene otros productos que quisiera ofertar. A pesar de sus repetidas súplicas para negociar acerca de su otra línea de productos, usted está siendo ignorado... eso hasta que le advierte a su CN que el componente vital en cuestión se encuentra en un déficit de producción, por lo que su compañía está restringiendo las ventas, priorizando sólo a aquellos clientes que compran una mayor variedad de productos. Esta necesidad no es verdadera, pero más vale que su cliente no lo atrape con las manos en la masa. Ahora, él estará interesado en comprar más productos de la línea que le ofrece.

- Usted realmente quiere comprar la casa de al lado para tener más espacio para la piscina y construir una casa de huéspedes, pero los dueños actuales (que rentan a múltiples familias varios cuartos ilegales) no están interesados porque la renta actual que reciben rebasa por mucho el valor proyectado de venta. Para cambiar el *status quo* de su vecino, condición para empezar a negociar, usted llama a la municipalidad y les hace saber (anónimamente, desde luego) que la casa de su vecino está siendo rentada ilegalmente como un apartamento. De pronto, su vecino está interesado en venderle esa casa.

- Usted quiere que su ahijado rebelde adopte un rol protagónico en la siguiente película de moda, pero el director no quiere incluirlo. Pondrá la cabeza de su caballo favorito en su cama para que despierte con una no muy sutil recomendación de modificar el reparto. Bueno, esta es broma. Nunca haga algo que lastime a otros seres vivos o asuste a personas mayores.

¿Qué es lo que todos nuestros ejemplos tienen en común?

- Su renuente CN está ahora en una situación en que negociar con usted es mucho mejor que sus otras alternativas, y definitivamente mucho mejor que quedarse donde está.

- Usted sería un cretino. No hay otra forma de decirlo. No será el chico bueno, ni lo será nunca en una situación en que manipule los eventos para que su CN quiera negociar cuando en realidad no lo tenía contemplado.

- Si su CN averigua que usted ha manipulado las circunstancias para forzarlo a sentarse a la mesa de negociación, hay un muy buen chance de perder cualquier posibilidad de trato, y no sólo eso, sino que a usted le podría costar hacerse de un enemigo.

Una última cosa como advertencia. Incluso si su manipulación no es descubierta, esta no es una técnica que debe ser usada en una relación de negociación a largo plazo. Utilícese sólo cuando la ganancia pueda ser reflejada y finiquitada en un corto período. No se dedique a arruinar la vida de otro ser humano en beneficio propio jamás.

Hay muy poca oportunidad de mantener una relación de negociación mutuamente benéfica una vez que haya sido utilizada la técnica de El padrino. Y bueno, sólo para dejarlo claro, quien la use es un cretino. ¿Está usted seguro de querer vivir con ello?

20

Condicionamiento o cómo tener
éxito antes de comenzar

LAS NEGOCIACIONES no tienen lugar sin antes haber conseguido otros acuerdos. Algunos de ellos son muy básicos. ¿La negociación será realizada por teléfono, en persona o por escrito? ¿Quiénes estarán presentes? ¿Qué trabajo de preparación se requiere para ambas partes? ¿Dónde se llevará a cabo? Y otras cuestiones similares.

Como puede verse, cada negociación necesita establecer previamente ciertas condiciones. Esto puede ser utilizado en su beneficio al sentar requisitos que, si compaginan con su CN, probablemente le den algunas o incluso todas las metas que se haya propuesto para el acuerdo.

Existe un rango de palabras/acciones sobre cómo se puede emplear esta estrategia. Para mayor claridad, revisaremos dos ejemplos para cada extremo, sea que usted la aplique o la apliquen sobre usted:

- La aproximación del cretino: diga agresivamente que su contraparte está haciéndole perder el tiempo y que no habrá reunión a menos que x condición se cumpla primero.
- La aproximación del amigo reacio: exprese sincero pesar, pero diga que usted no quiere que su CN desperdicie su tiempo para intentar una reunión a menos que x situación suceda.

Cierto presidente norteamericano intentó esto con Canadá durante una renegociación de un tratado de libre comercio, indicando que la única manera en que se reuniría con su homólogo sería que éste aceptara por adelantado una cláusula perniciosa para ciertos involucrados, pero benéfica para él. Si esto hubiera tenido lugar, el presidente renuente hubiera obtenido una victoria incluso antes de haber iniciado la negociación.

Las palabras que hemos propuesto toman muchas formas, pero aquí hay algunos ejemplos genéricos que contienen la misma esencia:

- *No hay necesidad de desperdiciar su tiempo en una reunión a menos que esté dispuesto a vender algo por menos de $200k.*
- *Sólo estoy interesado en autos con poco kilometraje y con precio moderado. Si no tiene uno así, entonces mejor buscaré en otro lugar.*
- *Necesito 10k dispositivos por algo menos de $10 por*

pieza. Aprecio que usted tenga sus propios márgenes para competir, pero tengo límites de compra.

- *Si usted no tiene la jurisdicción para resolver esta fianza de dos millones de dólares, entonces irá directo a prisión.*

Estos son sólo algunos ejemplos, pero el patrón es el mismo en cada uno de ellos: quien habla está rechazando entrar en una negociación a menos que su contraparte conceda algunos puntos por adelantado. Si tiene éxito en lograr esas condiciones antes de iniciar el trato, habrá tenido éxito desde entonces.

Si usted está en el otro extremo de esta táctica, la mejor respuesta es «estoy seguro de poder alcanzar un acuerdo. Reunámonos y hablemos sobre ello», o alguna variación de este enunciado. El objetivo es que su CN sienta alguna especie de concesión de su parte sin realmente comprometerse a realizar cosa alguna.

Una vez que se encuentre con su CN para negociar, dirija la agenda/conversación de tal forma que la precondición de su CN para el encuentro no esté en primera fila. Entonces, si el requisito era que acordara en vender sus dispositivos por menos de $10 cada uno, empiece la conversación acerca de las fechas requeridas para la entrega, las especificaciones de los productos, el volumen solicitado, etcétera. El objetivo es hacer que su CN hable de otras cosas y luego negociar el precio.

21

Negociación basada en interés

A USTED SE le ha antojado encontrarse con un negociador de élite. Ya ha hecho su investigación y ha estudiado la historia de su CN en sus perfiles de LinkedIn y Facebook. Ha leído el último reporte anual de contabilidad de la compañía de su contraparte y ha revisado toda estrategia de negociación que pudo encontrar. Se ha puesto su mejor traje y, lo más importante, ha contado con la ayuda informativa de un contratante informado sobre que el actual proveedor de su prospecto ofrece sus dispositivos a $17 la unidad.

En pocas palabras, usted está preparado. Usted puede vender los dispositivos de su compañía a $12 la unidad y conseguir incluso una (pequeña) utilidad. Le ha prometido a su jefe que regresará de la negociación con una victoria. Incluso ha planeado ya en qué gastar la jugosa comisión que recibirá por tan buena venta. ¡Ah! La vida es bella.

Y aquí vamos. Usted se sienta de frente a su CN, que le mira desde el otro lado del impecable escritorio. Definitivamente está ante una persona que se enfoca en lo importante. Usted sabe que ganará este contrato. Definitivamente le está ofreciendo el mejor precio posible. Eso es lo que importa.

Su contraparte abre la negociación pidiendo confirmación de poder recibir 200k dispositivos por años. ¡Caray! Esa es una cantidad mucho más grande de la esperada, pero usted se apresura a decir que sí, sí es posible proveer esa cantidad.

Empieza a ofrecer sus productos por $16 la unidad, sabiendo que puede tener que rebajar el precio un poco, pero logrando todavía increíbles ganancias para su compañía... y una buena remuneración para usted. Entonces usted se recuesta en el respaldo, imaginándose como un glorioso héroe de guerra. El sol brilla a través de las ventanas y llega a usted como un baño de luz divina. Usted. Es. Un. Dios. Negociando.

Pero para su sorpresa, su CN no parece impresionado, ni siquiera interesado. En lugar de responder a su oferta, le pregunta a cerca de sus proveedores, sedes y métodos de envío.

Usted no estaba preparado para esto. Se limita a responder con vagas aseveraciones y reduce su oferta a $15 por unidad. Seguramente eso hará que la atención de su contraparte se eleve. Pero en lugar de eso, usted se encuentra con la mirada de una gárgola. Su CN ahora no sólo parece desinteresado, sino incluso irritado. ¿Qué está pasando? Es como el conejo que ve la sombra de la cabeza de un reptil. Usted presiente peligro, pero a diferencia del conejo, ni siquiera puede intuir de dónde viene.

Empieza a sentir pánico y ahora su voz ha perdido la confianza y la profundidad a la Morgan Freeman, cambiando a ser una vocecita que le recuerda a los chillidos de su gato hambriento a las seis de la mañana.

Su CN intenta de nuevo. Le pregunta sobre el equipamiento utilizado en las facilidades de producción. Le hace preguntas sobre la integración vertical de su compañía. Cuestiona sobre sus otros clientes y los actuales compromisos de su empresa.

· · ·

Pero usted está en ventas, no en producción, y la retirada es lo único que parece viable en este momento. Usted ignora todas las preguntas que el CN hace de su compañía, asegurando en lugar de responder directamente que su empresa tiene muchos e impresionantes clientes que le confían órdenes gigantescas regularmente, mucho más incluso de 200k dispositivos al año. Usted está seguro de poder impresionarlo.

Oh, lo equivocado que está usted...

Ahora su CN está visiblemente molesto y puede sentir que su rostro palidece mientras la sangre corre dentro de su cuerpo, anticipando un peligro que sigue sin comprender, pero ahora comprende que todo lo que está sucediendo es muy real. Comienza el sudor frío y ahora usted se arrepiente de haber comprado ese desodorante barato que no lo protege contra la transpiración por miedo.

Con una voz que rechina, usted intenta decir algo sobre el trato que ahora se le escapa entre las temblorosas manos. Su cabeza se siente desconectada de su cuerpo, como si de la nada hubiese sido rellenada con helio y no se propone más que irse volando lejos, muy lejos de ahí.

· · ·

Con toda la falsa confianza que puede reunir y musitar, ofrece sus cachivaches a $13 la unidad. Entonces, de súbito, todo se ha terminado. Su contraparte se levanta de la silla, extiende su mano y le agradece el tiempo dedicado. Es casi un alivio para entonces. Cualquier cosa que le salve de la situación es un regalo del cielo con rostro de amigo.

Usted trastabilla para salir de su oficina. Sus hombros se han encogido tanto por la derrota que ni siquiera la almohadilla del traje, barato y ahora arrugado, puede salvarle la imagen.

Ya en su auto, usted contempla la enormidad de su fracaso. Definitivamente tenía el mejor precio de todos. Había prometido a su jefe que volvería con una negociación exitosa por la tarde. Ya le había mencionado a su pareja sobre el viaje a París, planeado con el monto de la comisión que recibiría por la venta. ¿Qué demonios pasó?

Esto fue lo que pasó: ¡usted no atendió lo que su CN quería!

Los intereses de su contraparte eran claramente otros que el precio. Sólo estaba intentando asegurar una proveniencia confiable para el producto requerido en su negocio.

Todo lo que usted tenía que hacer era escuchar y hacer preguntas. Si usted hubiese tenido más cuidado en atender lo que era importante para su CN, podría haber asegurado una distribución confiable y duradera de dispositivos y quizá incluso vendiéndolos en un precio igual o mejor al que ya se encontraba pagando, quizá incluso en más de $17 por unidad.

Pero no. En lugar de eso, usted ha arruinado cualquier ventaja que pudo haber resultado del interés de su CN. Usted se enfocó en lo que creyó que eran sus intereses, enfocándose en abaratar el producto en lugar de mostrarse como un proveedor confiable. Tanto su pareja como su jefe ahora le odiarán en secreto. No se merece menos.

Hagamos otro ejemplo rápido. Usted se está entrevistando para un nuevo empleo y realmente está dispuesto a trabajar únicamente 25 horas a la semana, pero el anuncio estipulaba jornadas de tiempo completo. Su contratante prospecto ofreció el trabajo por 40 horas a la semana creyendo que no encontraría a nadie calificado que trabaje sólo por 25 horas. En realidad, ella no necesita contratar a alguien que esté de tiempo completo.

· · ·

Después de una entrevista exitosa, usted consigue el trabajo. Estará trabajando 8 horas al día, 5 días a la semana. Nadie está genuinamente feliz por el acuerdo, ni usted ni su empleador. Esto ha sucedido porque ambos hicieron supuestos sobre cuáles eran los intereses del otro, y cometieron el error de no preguntar.

Así que interésese en hacer negociaciones basadas en intereses. Primero intente descubrir los verdaderos intereses de su CN para después negociar con base en ellos. Si usted hace suficientes preguntas, podría llegar a develar cuáles son esas metas para poder incluso alinear las propias para que ambas partes reciban un beneficio de la negociación.

Claro que muchas negociaciones serán algo como un juego de sumatoria cero en el que mientras más obtenga su CN, menos recibirá usted.

Pero casi todas las negociaciones en las que se enfrasque tendrán el suficiente margen para realizar un planteamiento que les beneficie a ambos por igual.

Aquí hay dos estrategias tanto para motivar las negociaciones basadas en intereses como para tener éxito en ellas:

1. Reconozca el tipo de negociación que está planeando hacer. Cuando se encuentre en preparación para negociar, usted debería categorizar su próxima negociación en un esquema que tenga dos columnas, una izquierda y otra derecha. Usted pondrá de un lado las negociaciones que sean una suma cero (comprar un artículo de alguien que no volverá a ver y que no puede afectar su reputación) y del otro colocará las que están principalmente basadas en intereses (acuerdos de intercambio constante, fusión de compañías, empleos a largo plazo). Decidir anticipadamente qué tipo de negociación es la que estaremos haciendo ayudará a formular el plan para realizarla con éxito.

1. No empiece a hablar de dinero inmediatamente. Reconozco que enfocarse en los intereses en lugar de hacerlo en el dinero es algo difícil de hacer. Muchas negociaciones implican el intercambio de dinero o de otras cosas de valor, haciendo fácil que terminemos hablando de ello rápidamente. Así que, cuando estemos en una negociación, debemos crear la disciplina para enfocarnos en los

intereses, evitando la discusión sobre el dinero hasta que nuestra contraparte insista por medio de un requerimiento específico o incluso alguna pista no verbal. Si retardamos la conversación sobre el dinero en una negociación, será más probable que obtengamos resultados más razonables y benéficos porque comprendemos el valor auténtico de lo que está sobre la mesa.

Y bien, ¿Por qué la gente no suele enfocarse tanto en los intereses durante una negociación? Primero, porque son malos negociadores y piensan que cualquier trato se gana sólo cuando la otra parte pierde.

También pienso que se debe al miedo de estar otorgando demasiada información. Si expreso mis intereses, entonces podría ser que mi CN utilice esa nueva información adquirida para recibir más de mí, lo que tendría que conceder tarde o temprano.

Eso puede ser cierto y, de hecho, en otro lugar de este libro sugiero esa misma estrategia: usar los intereses de su CN contra sí. Pero, de nuevo, debemos saber que no todas las negociaciones son del tipo suma cero. La mayoría no lo es, y partiendo de ese supuesto, usar la negociación basada en intereses resultará en más acuerdos y mejores resultados para ambas partes.

Algunas veces, todo lo que tiene que hacer es tener fe e intentarlo.

22

Reciprocidad

IMAGINEMOS a un hombre que se va de viaje por dos semanas a Europa. Para la última noche de su estancia ha resistido todas las ofertas de los vendedores callejeros. En múltiples ciudades han intentado venderle chucherías, pero como no se trata de un sujeto que guste de los recuerditos, ha escapado de cualquier trato. Todo iba bien hasta que, en Roma, un jovencito se le acercó con su escaparate nómada de objetos y le colocó un pequeño elefante de plástico en la mano. Literalmente se lo han dado, así sin más. El joven se rehúso a tomarlo de vuelta. ¿Qué hacer ahora? Hubiera sido muy grosero tirar el pequeño elefante al suelo y correr. El sujeto terminó pagando un par de euros por el recuerdito.

El hijo de esa persona pensó que era muy gracioso. Había reconocido inmediatamente que cierto grado de reciprocidad había posibilitado la compra forzada. Ese vendedor tan sabio en Roma había puesto a nuestro individuo en una situación tal que sólo pudo sentir que debía ser recíproco, así que lo hizo de la única forma que era posible en ese momento: pagando dos euros por un figurín sin valor que no quería en un principio.

Y ese, amigos míos, es el poder de la reciprocidad.

La reciprocidad ha sido materia de experimentación. En uno de esos estudios, un investigador se planteó vender boletos para una rifa a peatones desinteresados, más bien renuentes. Porque así somos todos cuando un extraño se acerca a vendernos un boleto para una rifa en la que las posibilidades de ganar son prácticamente nulas, ¿cierto?

Lo que nuestro investigador pudo observar es que la gente compró boletos para la rifa siempre que la víctima (otros dirían 'el individuo, pero vamos, todo el mundo sabe lo que acaba de ocurrir aquí) había recibido una lata de refresco gratis primero, sin importar que la quisiera o no. El simple acto de dar algo crea una obligación en otros para que sientan que deben dar algo a cambio.

¿Cómo maximizar el valor de la reciprocidad en sus negociaciones? Aquí hay un proceso de tres pasos:

1. Haga un favor a su contraparte. Esto no tiene que ser un sacrificio para usted. Sólo debe tener relevancia para su CN. Asegúrese de hacerle sentir a su interlocutor que usted está haciéndole un favor con mucho gusto.

2. Asegúrese que su CN se encuentra en posición de devolver el favor en el futuro inmediato. Su

CN estará agradecido, pero su gratitud disminuirá con el tiempo.

3. Plantee la situación de tal forma que su contraparte sólo pueda darle algo que sea realmente relevante para usted. Justo como el vendedor en Roma: le dio al viajero una chuchería y después se aseguró de ser correspondido sólo con dinero.

Hay un concepto relacionado a la reciprocidad que vale la pena mencionar. Cuando se encuentre negociando un trato que comprende una multiplicidad de aspectos (por ejemplo, fechas de entrega, precios, descuentos, comisiones, soporte, etcétera), siempre es recomendable presentar su demanda/oferta inicial y luego inmediatamente aceptar alguna pequeña premisa que ya sepa será imposible de aceptar para su CN.

Por ejemplo, usted podría mencionar, entre muchas otras cosas, que su proveedor estará listo para entregar su producto a su fábrica en un plazo de 72 horas desde el momento de orden. Cualquier falla en el rendimiento será penalizada. Luego, inmediatamente desista de esa demanda.

Puede sonar algo como: «es importante para nosotros que usted realice la entrega de sus productos en tiempo, pues nuestros esquemas de producción requieren revisión continua. Idealmente, nos gustaría que los productos sean entregados en un plazo no mayor a 72 horas después de la orden de compra. Pero quizá eso cause algunos problemas de logística para ustedes, así que podríamos aceptar ampliar el plazo a 96 horas».

Lo que usted ha hecho, a menos que su CN objete inmediatamente, es establecer un acuerdo sobre el tiempo de entrega, que puede ser muy bueno para usted, y lo ha hecho ver como si su demanda de 96 horas es ya un compromiso de su parte en consideración del bienestar de su interlocutor.

Además de cualquier otra cosa, su CN se sentirá ahora en la necesidad de ser recíproco más tarde en la negociación.

23

¿Debería proyectar su debilidad o fortaleza como negociador?

La respuesta correcta es: ninguna de las dos.

Es tentador presentarse como un negociador débil porque, si se lo imagina, podría tomar ventaja sobre su CN. Usted sería subestimado, visto como alguien probablemente incompetente, pero en realidad eso sólo sería una carnada fácil de morder.

Intentar aprovecharse de usted sería un error que su contraparte cometería si lo percibe como débil. Probablemente su CN inflaría sus expectativas, pero eso haría más difícil llegar a un acuerdo. Digamos que su interlocutor pensaba que el mejor resultado podía ser venderle a usted dispositivos en $10 la pieza, pero ahora que le ha conocido y ha pensado que es idiota, podría decidir modificar su oferta para recibir $12 por unidad. Esa sería su cifra de aseguramiento, y será verdaderamente difícil que cambie de parecer.

Por haber simulado incompetencia, usted ha perdido un posible trato que hubiese resultado en pagar mucho menos por unidad.

Adicionalmente, los negociadores sin formación son impredecibles. Usted, recordemos, quiere ser predecible para dar un mensaje consistente a lo largo de la negociación.

Por el otro lado, usted no quiere ser visto como un negociador que sea el equivalente a un tiburón en el tanque que hará cualquier cosa, incluso trampa y algo de violencia, con tal de salir victorioso en el trato. Eso sólo reduciría la cantidad de personas dispuestas a negociar con usted. No le confiarán nada e irán con excesiva precaución, buscando alguna trampa oculta en sus palabras. Y, a menudo, se volverán intransigentes.

Preferirán adherirse a sus posiciones originales sin importar qué, pues dar un paso en falso con usted, piensan, equivale a perder todo, lanzado por la borda.

. . .

Es mejor escoger una tercera opción para estos casos. Proyecte un aura de confianza, amabilidad y profesionalismo. Y si usted se ha preparado para la negociación y sabe de lo que hablará en ella, entonces todo debería ser más fácil para todos.

24

Cuente una historia

HAY una teoría popular acerca de la razón por la cual el Homo Sapiens dominó y eventualmente exterminó a los Neandertales, más fuertes, numerosos y tan inteligentes como los primeros. Se supone que fue posible porque los Homo Sapiens tenían un lenguaje más desarrollado. Esto les permitía contar historias y crear una noción de comunidad y un propósito común entre grupos más grandes de personas. Y ese propósito común permitió a nuestros ancestros agruparse y competir contra sus parientes más fuertes.

Las historias permitieron eso. Sin ellas, quizá el planeta aún estaría siendo recorrido por los Neandertales. Las historias son cosas poderosas, y pueden serlo también en las negociaciones. No sólo le escucharán si tiene una buena historia para contar, sino que es muy probable que su contraparte crea su relato como un suceso con el que pueda compaginar.

Estos son algunos de los elementos que debe incluir en las historias que decida contar en las negociaciones:

- Cuente su historia de una manera sencilla. No complique las cosas, no use palabras largas o poco comunes. Haga la relatoría como si su audiencia fuera un niño de trece años.
- Simplifique su posición y enfóquese en una idea principal. Usted quiere tener una sola pero gran razón para que su CN esté de acuerdo en lugar de muchas pequeñas razones. Así, también será más fácil seguirle y creerle.
- Haga que su historia sea memorable. La gente estará más abierta a congeniar si hace que su relato sea creíble y fácil de recordar.
- Provea algo de información que sustente su caso incluso si su CN lo conoce. Recordarle a su contraparte ciertas cosas durante la negociación hará que esa información vuelva a estar disponible para una revisión favorable de sus planteamientos.
- Provea tantos detalles como crea necesarios para que su audiencia crea en la posibilidad de un futuro abierto conforma su historia se vuelve más vívida.
- Confíe en su relato, crea en él. Será más probable que lo tomen como verdadero si evita las improvisaciones y los errores.

Sí, esas son bastantes reglas. Nadie dijo que ser un gran negociador sería cosa fácil. Si lo fuera, todo el mundo lo sería. Pero vamos, usted no necesita alcanzar la perfección para ser genial.

Contar una historia de una buena manera en la negociación significa hacerla pertinente. No importa en qué momento la cuente. Será mejor que no hacerlo del todo.

Pero retrocedamos un poco. ¿Qué es exactamente a lo que nos estamos refiriendo como 'contar una historia'? ¿Cómo se ve eso en el contexto de una negociación? En pocas palabras, se trata de dibujar una versión idealizada de los efectos positivos resultados de un trato con su CN.

Aquí hay un ejemplo. Imaginemos que usted está negociando con un representante del gobierno local para una consideración legal. Usted dirige una pequeña empresa manufacturera y quiere instalar un edificio de tres plantas, pero las normas sólo permiten edificios de dos pisos. Claro, usted puede rogar y plañir y amenazar con irse a la municipalidad de al lado. «¡Oiga! He sido parte de este pueblo por 15 años. Le doy empleo a 10 personas. Si no recibo lo que quiero, entonces moveré todo a (inserte nombre de un pueblo pequeño)». Pero hay una mejor estrategia.

Usted siempre puede amenazar con los peores escenarios que puedan ocurrírsele, pero eso sólo ocasionará que las personas no quieran saber de usted o se sientan, precisamente, en un estado de amenaza, que no se parece en nada al de la negociación.

En lugar de eso, cuente una historia con los elementos

que hemos señalado previamente. Recapitulemos ejemplificando:

- Enfóquese en una idea: «Quiero generar más empleos en este pueblo». O su primera gran idea puede ser incrementar los trabajos de construcción para ampliar la aldea, lo que atraerá otros negocios, o multiplicar el efecto del aspecto tributario, etcétera.

- Haga su historia memorable: haga que su historia parezca una tragedia o una comedia, pero *nunca* una estadística. Quizá su tema a plantear sea: «ocho metros más de altura requeridos para ocho trabajos adicionales para la compañía y el pueblo». Haga que su audiencia se interese en lo que usted tiene que decir. Si no le salen naturalmente las frases lastimeras, entonces cuente cómo, en su última expansión, usted contrató seis trabajadores, uno de los cuales era Bob, quien enfrentaba el decomiso de sus bienes y el divorcio de su esposa. Su vida pintaba difícil hasta que usted le ofreció una oportunidad para trabajar en su compañía. Así como Bob, puede haber muchas otras personas con la necesidad de un cambio sustancial en su vida, uno que usted puede dar a través de la ampliación de sus sedes.

- Provea información que sustente su caso

incluso si su contraparte tiene conocimiento de ello. Recuerde al representante municipal que Pedrito Piedras acaba de cerrar su negocio, causando la pérdida de cuatro empleos, por lo que el pueblo necesita realmente los trabajos que usted está prometiendo.

- Agregue tantos detalles como considere necesarios: esto puede parecer contradictorio con el punto de hacer la historia simple, pero el objetivo aquí es plantear una historia que nuestro interlocutor pueda visualizar de principio a fin. «Si me permiten construir el nuevo edificio, podría contratar hasta ocho personas más. Esas ocho personas podrían ser sus amigos y vecinos que (aquí no es momento para equivocarse) tendrán labores bien remuneradas, pagarán sus impuestos, irán a cenar a lugares como El café de Doña Tuerta, comprarán cosas que les harán más felices y productivos, enviarán a sus hijos a mejores escuelas, lo que significa que tendremos gente mejor preparada que ayudará a desarrollarnos con nuevas casas y muchas otras fuentes de empleo. Usted no sólo estaría ayudándome a mí, sino que estaría colaborando a la felicidad de todo el pueblo». Esta es una historia mucho más efectiva que «contrataré a ocho personas que reinvertirán su dinero en la comunidad».

Dar detalles ha hecho que su historia sea más creíble y prometedora.

- Confíe en su historia: haga énfasis en los verbos conjugados en tiempo futuro. Usted está planteando que no hay duda alguna, pues esas cosas pasarán de ocurrir lo que está pidiendo en un primer momento.

- Cuente su historia de manera sencilla: no mencione tasaciones de impuestos o cualquier otro tipo de estadística. Usted está contando simplemente una historia igual de simple. Usted, desde luego, posee toda la información necesaria para justificar su demanda en caso de requerirse así, pero por ahora no es necesario.

No todas las negociaciones tendrán como tema algo que pueda ser contado a través de una historia de este tipo, pero la mayoría se amoldará sin mucho problema. Recuerde que el objetivo es contar las cosas de una manera tal que su CN pueda imaginar ese escenario como algo necesariamente benéfico. No olvide, claro está, hacer todo lo posible para que esa historia no se convierta en una promesa vacía.

25

Hay de verdades a verdades

Nunca recomendaría mentir en una negociación. Si lo atrapan, su credibilidad se verá completamente destruida ante su CN, a la par que dañará su reputación con otras personas.

Pero no mentir y ser completamente transparente y honesto son dos cosas diferentes, cosas con las que es imposible cumplir en todas las oportunidades.

Con esto dicho, si usted ha ganado una reputación por su honestidad, entonces verá que las negociaciones transcurren con mayor facilidad. Generalmente, sus contrapartes no querrán exprimir cada centavo, pero sí que querrán asegurarse de estar recibiendo un trato justo. Si usted tiene una buena reputación y un historial honesto, sus

Compañeros de Negociación accederán más fácilmente, es decir, con menos intermedios en el acuerdo.

Su meta para cualquier trato es hacer un acuerdo que sea justo tanto para usted como para su CN. Eso a menudo significa no decir toda la verdad en todo momento. Si su CN le pregunta por la cantidad mínima que usted está dispuesto a aceptar por su producto, no sería muy inteligente ser sincero.

Aquí hay un ejemplo de cuándo decir la verdad no significa la mejor estrategia para hacer negocios:

Usted es un vendedor de droga que busca un reabastecimiento para revender a sus clientes ricos sedientos de cocaína. Steve es su único contacto disponible en el momento, y él tiene un kilo de coca en venta que, después de haberlo mezclado con ácido bórico y odio, podría vender por $2000 dólares.

Usted piensa que esa coca vale entre $1000 y $1200. Estaría complacido de pagar eso.

Sin embargo, sabe que Steve querrá lanzar una primera exigencia de $2000 porque, vamos, él sabe que usted está desesperado y porque él es un idiota. Desde que está muy seguro que Steve no accederá a ningún monto a menos que ofrezca mucho más en una segunda oferta, decide arrancar las propuestas con $800, una cantidad justificable, pero muy baja.

Pero, espere, ¿no es poco ético ofrecer menos de lo que realmente piensa que vale la coca? No, porque sólo sería falto de ética si pensara que Steve estaría de acuerdo con ese monto por no tener idea alguna de cuánto vale la droga. Sería poco ético obtener la coca por una cantidad menor que su valor real, pero no es poco ético ofrecer menos a sabiendas de la posibilidad de incrementar la oferta hacia un margen más aceptable.

Aquí hay otras maneras de no ser tan sincero en una negociación que no significan una falta de ética:

- Recoger cerezas: sólo presente hechos que puedan ser beneficiosos para su propia posición. O, si quiere ser más sutil, incluya también datos que no aporten a su posición, pero menoscabe su importancia o su veracidad.

- Prediga el futuro: puede que usted no comprenda del todo el funcionamiento del futuro, pero eso no debe impedirle predecirlo. «Si nos basamos en las proyecciones del mercado para el día de hoy, estoy seguro que firmar este contrato resultará en una duplicación de su capital para el año que viene». ¿Está usted en lo cierto? Bueno, podría ser. Pero definitivamente no podrá afirmarse lo contrario al menos por un periodo de un año. En el intermedio, ya habrá gozado de los beneficios del contrato realizado. Y, después de un año, probablemente nadie recuerde lo que alguna vez dijo. E incluso si lo hacen, usted puede dar algunas razones en torno a por qué su predicción no acertó del todo. «Bueno, su capital pudo haber aumentado al doble, ¡pero nadie imaginó que la competencia iba a recortar así sus precios!».

- Dibuje un blanco alrededor de una flecha: esto es como un sentido inverso de predecir el futuro. Elija un evento que haya ocurrido en el pasado y diga a su CN que usted sabía que eso iba a pasar. «Sabía que el mercado del cobre estaba a punto de dispararse por los cielos el año pasado. Si usted hubiera comprado mi sistema procesador de metales cuando se lo ofrecí, ya estaría generando millones».

Finalmente, un recordatorio: es poco ético obtener un trato bueno y es aún peor lograr un trato excelente valiéndose de mentiras. Más allá de la ética involucrada, mentir es una práctica insostenible en los negocios y puede resultar contraproducente, pues esas actitudes dañarán permanentemente su reputación.

26

Cómo tener éxito leyendo la mente de su CN (Compañero de Negociación)

DE VUELTA A LA INTRODUCCIÓN, mencionamos que existían ciertas técnicas y habilidades transferibles entre el póker y la negociación. Una de ellas es hacer lecturas, eso que hacen algunos jugadores que de alguna forma nos dan una idea acerca de qué tan buenas son sus cartas. En el caso de las negociaciones, son esas cosas que pueden indicar el interés de su CN en lo que esté proponiendo usted.

No hay ninguna clase de magia aquí (al menos alguna que sea confiable), así que nos enfocaremos únicamente en las emociones más importantes que puedan presentarse en nuestros oponentes de póker, esas que revelan sus decisiones eventuales: el miedo, la emoción y el aburrimiento. Buscar alguna de estas tres emociones expresándose en nuestras contrapartes puede darnos una buena panorámica e incrementar nuestras posibilidades de éxito, sea en el juego o en la negociación.

Realmente podemos observar con claridad sólo algunas emociones, y esas tres son buenas predictores de acciones futuras.

Empecemos por el miedo. Si un oponente al lado mío se ve temeroso después de hacer una apuesta, entonces asumiré que espera que yo revele mis cartas. Entonces, ahora será más probable que haga lo contrario a su expectativa para tomar ventaja o al menos impedir mi derrota.

Emoción: si un oponente se ve emocionado durante una ronda, entonces asumiré, a menos que ocurra algo más, que tiene una buena mano.

Aburrimiento: si un oponente se ve aburrido durante una ronda, asumiré que revelará sus cartas cuando la apuesta llegue a lo que él desea, así que puedo optar por elevarla hasta que sea necesario que él revele su mano (bueno, algunas personas lucen aburridas todo el tiempo, así que tenemos que cuidar ese aspecto).

¿Cómo es que el miedo, la emoción y el aburrimiento aplican sobre las negociaciones?

Si usted ve miedo en su CN, generalmente significa que su contraparte necesita un trato, y también puede asumir que usted se encuentra negociando en una posición de mayor fortaleza. Aunque debemos advertir que, si confía demasiado en su ventaja y presiona excesivamente, el miedo puede volverse rápidamente en enojo y resentimiento, por lo que podría estar perdiendo un buen trato, equivocándose ahora por un posible castigo y una percepción desagradable sobre usted.

En lugar de eso, conviértase en el héroe de su contraparte y negocie de tal forma que parezca que está ofreciendo una forma de rescate. La negociación, a diferencia del póker, no es un juego de suma cero y ahora, más que nunca, debe buscar la oportunidad de hacer una oferta que salve a su contraparte del abismo en que cree que está metido.

Y esté seguro de buscar la resignación que viene a menudo junto con el miedo. Para entonces (si eso ocurre), su CN estará dispuesto a aceptar casi cualquier oferta que le haga, pero desde luego que usted sólo ofrecerá las condiciones de un trato justo, porque usted no es cretino.

· · ·

La emoción es un poco diferente. Podría significar que su CN piensa que está tomando ventaja de usted y está consiguiendo un gran resultado en la negociación. Más a menudo, si la relación es de cierta importancia, la emoción sólo significa que su contraparte está buscando un intercambio que sea mutuamente benéfico.

El aburrimiento es veneno. Significa que usted está probablemente perdiendo su tiempo. Tal vez usted sólo sea la MAAN de su contraparte o su CN se ha reunido con usted por otra razón diferente al deseo de un acuerdo. Ya hemos discutido sobre qué hacer si usted es la MAAN de alguien más con anterioridad, pero sea lo que sea que escoja hacer, no desperdicie su tiempo con alguien que esté aburrido. Usted tiene mejores cosas que hacer.

¿Y cómo saber si nuestro interlocutor está emocionado, aburrido o temeroso? Aquí hay un método a prueba de tontos: sólo mire los bordes de sus ojos y labios. Si se mueven (arriba o abajo) al mismo tiempo, su CN está emocionado; si lo hacen en diferentes direcciones, se encuentra asustado; si no hay movimiento alguno, está aburrido.

Bueno, no en realidad. No confíe en nadie que tenga una solución tan simple para un problema tan complejo. La verdadera manera de saber si su CN está emocionado, aburrido o temeroso es detenerse y preguntarse a sí mismo: ¿cómo creo yo que mi interlocutor se siente ahora mismo? Usted es un adulto funcional en un mundo en el que leer las emociones de otros es importante, y usted ya tiene esta habilidad. Todo lo que debe hacer es prestar atención. En serio.

Pero claro que tenemos que advertir algo. Como las lecturas en el póker, leer las emociones de su CN, incluso si es de forma acertada, no es infalible. Quizá su contraparte se ve asustada porque ha recibido malas noticias recientemente. Esta información sería útil y podría redirigir el rumbo de su negociación. La mayoría de las veces, la información que pueda ser revelada durante el trato es importante.

Siempre es valioso prestar atención, pero, lamentablemente, usted no es un maestro Jedi de la negociación. No puede leer mentes. Cosa como tal no existe. No se incline a creer que sí, pues podría terminar equivocándose. Y, claro está, no confíe en nadie que afirme lo contrario.

27

Negociar en nombre de otros o entre la espada y la pared

A MENUDO OCURRE que usted o su CN traten de negociar en representación de alguien más. Eso quiere decir que alguien más es quien tomará las decisiones reales, por lo que ha impuesto límites sobre lo que el negociador es capaz de hacer o acordar.

De cara a ello, eso no debe importar mucho. Después de todo, si usted es un negociador habilidoso, ya debe estar preparado para la negociación con una serie de límites preestablecidos, como qué tanto puede conceder para llegar a un acuerdo.

Pero, de hecho, sí que importa, y mucho. Usted puede poner esta situación en ventaja suya.

. . .

Un agente tiene un trabajo por hacer: obtener un trato, de ser posible, dentro de los parámetros que le ha impuesto el verdadero dirigente de las decisiones. La falla entonces significa... pues, una falla. Y los agentes (o empleados, subordinados, etcétera) no están comisionados para fallar. De hecho, cuando se actúa como agente de alguien más, se incentiva tener malos tratos.

Aquí explicamos por qué.

A menudo sucede en una negociación que usted siente que podría tener un mejor acuerdo en otra fecha o tras haber aprendido algo que le permita ofrecer (o recibir) una nueva cantidad para negociar. Pero un agente, si no está debidamente capacitado, no tendrá el margen para tomar estas decisiones. De hecho, si un agente toma esa decisión y resulta mal (porque todas las decisiones implican un riesgo), el agente se enfrentará con el propio riesgo de su falla y la displicencia hacia sus superiores. Entonces, es más seguro para el agente realizar un mal acuerdo incluso si hay oportunidad de obtener algo mejor por iniciativa propia.

Si su CN es agente de alguien más, usted está en una muy buena posición para recibir cualquier concesión posible en el acuerdo. La razón es que su CN está ordenado para lograr un trato incluso en el máximo de los límites de valor posibles. Fallar no es una opción, aunque salga muy caro. La pesadilla para su CN es tener una oferta de usted en sus rangos de posibilidad y no aceptar inmediatamente. Muy pocos agentes tendrán la fortaleza de carácter para actuar diferente porque eso les deja vulnerables a fallar y perjudicar su posición.

¿Cómo manejamos esto apropiadamente entonces?

Si usted tiene un agente que negocie por usted

A menudo he dado direcciones a otros para negociar en mi nombre. Tengo tres reglas para mejorar las condiciones de tener a alguien más negociando por mí:

- Si realmente quiero que un agente sea quien concluya una negociación, doy instrucciones muy claras: «resuelva este asunto por máximo $x y llegue a un acuerdo hoy, incluso si podría tener una mejor alternativa después».

- No cuestiono las decisiones hechas por mis agentes durante la negociación. Quiero estar seguro que el agente sienta que tienen la libertad de decidir sin el temible riesgo a 'equivocarse'. En la medida que mi agente tiene la libertad para tomar decisiones, no serán demasiado críticos consigo mismos por haberlas tomado.

- A veces las cosas fallan. Debemos aceptarlo sin frustrarnos ni juzgar. Algunas veces las cosas irán mal porque nuestro agente no pudo cerrar el trato como debería haberlo hecho. Por ejemplo: mi agente consiguió una oferta dentro de su rango de valores, pero la rechazó esperando una mejor que nunca llegó. Las cosas pasan. Y, para ser claros, no perdoné a mi agente por su 'falla', porque no fue una falla. Si hubiera sido tan importante lograr ese acuerdo, hubiera dado instrucciones más específicas o hubiera ido yo personalmente.

Pero tengo una regla incontrovertible para todos aquellos que negocien en mi nombre. **Es una terrible práctica de negociación ofrecer el máximo y mínimo del rango si no piensa que serán aceptados.** Esto aplica no sólo para los agentes, sino también para sus propias negociaciones. Entonces, si un agente ha ofrecido el monto máximo del rango, pregunte siempre a su contraparte si piensa que ese monto podría ser aceptado. Si la respuesta es afirmativa, entonces podremos continuar. Si la respuesta es un no, entonces cargue este libro con usted para arrojárselos en la cara. ¡Usted y sus agentes deben estar seguros de lo que están pidiendo u ofreciendo!

Hasta aquí hemos discutido cómo puede instruir a un agente para que negocie por usted, pero ¿cómo podemos negociar de mejor manera con el agente de alguien más?

La respuesta es, en realidad, fácil. Primero tenga en cuenta que su CN es sólo el agente de quien toma realmente las decisiones, y que usted estará tratando que ha sido comisionado para cerrar un trato incluso si eso significa recurrir a los límites de su rango de valores.

Asegúrese entonces de mantener una posición tal que sea de mayor autoridad que la de su CN, sea cual sea, hasta el último momento. Prolongue la negociación tanto como pueda y haga concesiones muy modestas, lo suficiente para mantener a su contraparte hablando. Usted no quiere hacer el ridículo de perder a su contraparte en estas circunstancias.

Finalmente, cuando vea que su contraparte sienta que la negociación fracasará, pídale su mejor oferta. Para ese punto, usted probablemente recibirá el número más alto proporcionado por la autoridad que envió al agente, pues retirarse de la mesa sin un acuerdo no es una posibilidad para él.

Pero en caso de tener mayor margen de maniobra, intente una vez más y haga una contraoferta. Quizá también quiera sugerir a su CN que contacte a su superior para recibir nuevas instrucciones, ya que puede ser que concedan un poco más, incluso excediendo su rango en estas circunstancias.

Al final, será probable que usted obtenga cuanto sea posible de la negociación si utiliza estas estrategias con el agente de su verdadero CN.

28

Introduzca un nuevo jugador en una negociación avanzada

Si alguna vez ha comprado un auto usado, probablemente fue el blanco de esta estrategia de negociación. Va más o menos así: usted está negociando la compra de un auto y finalmente parece que han acordado un precio. Es en ese momento que el vendedor pide un momento para hablar con su supervisor para ver si el trato puede concretarse.

Después de unos minutos, el vendedor regresa con buenas y malas noticias. Las malas noticias significan que no puede venderle el auto al precio que habían discutido, pero lo bueno es que se las ha arreglado con el supervisor para proporcionarle un gran descuento sobre el valor real del automóvil.

Ajá, ahora el tipo de las ventas es su nuevo mejor amigo. Oh, sí, ha interferido por usted para ganarle un favor a ese gerente malvado para conseguirle un descuento. Claro, no es un acuerdo tan bueno como el precio que esperaba, pero puede estar seguro que la oferta ahora es tan buena, prácticamente inmejorable. Usted es de esos pocos, poquísimos afortunados de tener al de las ventas de su lado. Patrañas.

Pero los vendedores hacen esto porque funciona, y usted puede usar esa misma estrategia también (espero que eso no incluya la sonrisita falsa y el traje barato).

Maneja la negociación como normalmente lo haría hasta llegar al punto donde sólo queda finalizarla. Para entonces, haga lo que los sujetos trajeados baratamente hacen: «suena bien para mí, sólo déjeme consultarlo con Bob, el gerente».

Regrese un tiempo después y ofrezca una o dos razones por las cuales el trato no puede suceder de la forma *casi* acordada y realice una contraoferta. El objetivo aquí es recibir concesiones que de otra manera no recibiría en la negociación original.

Por ejemplo, si en el trato original usted había concedido x para recibir y. Pero ahora que ha extendido un acuerdo provisional, ya no necesita cubrir esos puntos.

El acuerdo provisional es ahora el acuerdo vigente, con los cambios sutiles que ello amerita para entonces, lo que puede reactivar la negociación si había alcanzado situaciones que no eran tratables para usted.

Use la estrategia del nuevo jugador para ganar unas cuantas concesiones más. Puede verse como esto: «Sé que dije que pensaba que una cantidad de 60 netos estaba bien para nuestras facturas, pero acabo de hablar con Bob y dijo que necesitábamos pagar con base máxima de 30 netos porque nuestros otros clientes lo hacen de esa manera, y nuestro equipo de contabilidad dice que 60 netos les crearía un dolor de muelas. Bob y yo realmente discutimos sobre esto. Expuse los puntos que usted me dijo, y bueno, finalmente pudimos acordar 45 netos».

Ahora parece que usted está actuando en favor de los intereses de su CN y en contra de los propios. Usted es el nuevo mejor amigo de su contraparte.

Pero desde luego que lo que realmente acaba de suceder es que usted ha recibido una concesión al costo de esencialmente nada. Usted quizá acordó pagar 60 netos en su negociación anterior para conseguir un beneficio en cualquier otro punto del trato, pero eso quedó en el pasado. Cualquier concesión que su contraparte haya hecho para conseguir esos 60 debe olvidarse. El enfoque para entonces es sólo sobre el actual trato, con los cambios realizados hasta ahora. Hay una pequeñísima probabilidad de encontrarse con un negociador que, en este punto de la negociación, plantee condiciones pasadas cuando ya ha logrado un trato.

Dos puntos finales:

- La gente inteligente a menudo se sentirá ofendida por el uso de esta estrategia, por lo que debe mencionar en algún momento que podría tener que consultar el trato con alguien más. No haga fanfarrias en torno a ello, pero tampoco lo oculte. Lo que importa es no hacer que su contraparte se sienta mentida o mal dirigida.

- Para evitar que otros usen esta estrategia con éxito sobre usted, recuerde que, si su CN pide eventuales cambios para el acuerdo, usted debe responder como haría en cualquier negociación: pregunte sobre las concesiones que recibiría de haber cambios. «Sí, hablamos de tener 30 o 60 netos, y si usted necesita que sean 45, entonces necesitaré entrega garantizada en 14 días o menos en lugar de los 21 que habíamos acordado previamente».

29

Psicología inversa

YA SÉ lo que está pensando. ¿Psicología inversa? ¿En serio? Esa cosa no funciona. Esto es estúpido.

Pero he descubierto que la psicología inversa funciona en ciertas situaciones, y lo hace bastante bien, en especial cuando cuestiona la autoridad de su contraparte para finalizar un acuerdo. Cuando eso suceda, su CN estará mucho más dispuesto a cerrar el trato sólo para demostrar que usted se equivoca.

Usted está sentado con su CN y le expresa cierto escepticismo acerca de si él o ella tiene la autoridad para negociar tratos con usted. Usted acaba de amenazar el ego de su contraparte y ahora ella dará grandes zancadas para demostrar que su escepticismo está infundado, incluso llegando al punto de acordar con usted en algo que de otra forma sería imposible.

Si no consiguen un trato para ese mismo día, entonces su CN pensará que su sospecha era cierta, que no tenía la autoridad para hacer tratos con usted, y bueno, no querrá admitirlo del todo. Mucha gente no soporta un daño al ego.

Harán un trato con usted sólo para probar su error, pero no a cualquier costo, pero probablemente a uno lo suficientemente bueno y definitivamente a no tener una negociación en lo absoluto.

Asegúrese de no ser muy obvio al insultar el ego de la otra persona. Basta con que su mensaje sea claro. Puede verse como algo así:

Usted: Oiga, pensé que me reuniría con usted y con Dave.

CN: Lo lamento, Dave no está aquí.
Usted: Bueno... de acuerdo. Realmente quería fina-

lizar esto hoy. ¿Hay alguna manera de hacer que Dave venga para que no tengamos que reunirnos otra vez?

CN: No se preocupe. No necesitamos a Dave.

Acepte la aseveración de su contraparte, no sin antes añadir cierto escepticismo al tono de su voz o a su lenguaje corporal.

Ahora, su CN está un poco enojado. Usted le ha dado un pinchazo a su ego y ahora él querrá demostrarle que él también puede finalizar un trato con usted, incluso si eso significa llegar a condiciones que normalmente rechazaría.

Algo a tener en cuenta en esta estrategia es que, si la negociación ya ha durado mucho tiempo, usted debe recordar sutilmente a su contraparte sus intereses más importantes. Si no encuentra una forma sutil de hacerlo, entonces mencionar a nuestro querido ausente debe bastar: «había estado hablando con Dave sobre…».

El que su contraparte tenga que vérselas con Dave por una no muy buena negociación está fuera de su responsabilidad. No es su problema, pero tampoco es el de su contraparte. Usted puede confiar en que para cuando su interlocutor deba hablar con Dave, ya habrá formulado una justificación para explicar los términos del acuerdo. La gente es increíblemente hábil para justificar sus acciones una vez que las ha hecho.

30

Alternativa forzada

MI PRIMER TRABAJO después de egresar de la universidad fue vender fotocopiadoras y máquinas de fax. Esto fue cuando las máquinas de fax representaban una tecnología virtualmente desconocida y mágica. La más grande dificultad para venderlas era explicar exactamente lo que hacían y luego convencer a los dueños de negocios sobre que otras personas también estarían adquiriendo una (porque las máquinas de fax son inútiles a menos que haya alguien a quien mandarle algo a través de un dispositivo del mismo tipo).

Poco después de haber comenzado, mi jefe mandó a todo el equipo de venta a un curso de capacitación, en el que, entre muchas otras cosas, aprendimos acerca de la alternativa forzada. Es una técnica en la que usted da a su prospecto una elección entre 'a' o 'b' con el objetivo de hacer que elija más fácilmente. Una vez que ha escogido, entonces la venta estaba lograda. El ejemplo que dio el capacitador fue: «cuando usted vaya a vender un auto, pregunte al posible comprador si lo quiere rojo o azul».

Uno de mis compañeros se tomó ese ejemplo muy a pecho. A la semana siguiente, consiguió vender una foto-copiadora preguntándole al cliente si la quería azul o roja. Pero sucede que las fotocopiadoras sólo tienen presenta-ciones en tonalidades de gris o beige, así que, para cumplir con el contrato, el compañero tuvo que conseguir un marcador para colorear sólo la etiqueta del manufac-turero. A pesar de su pobre aplicación del entrenamiento, consiguió la venta. La alternativa forzada funciona porque simplifica la decisión de su CN.

Esta dinámica ha sido incluso probada científicamente. Cuando los compradores se encontraron en la situación de tener que elegir entre 6 o 24 tipos de mermelada en un escaparate, aquellos que tuvieron menos posibilidades para elegir fueron los que compraron más.

La teoría es que, cuando disponemos de más opcio-nes, nos preocupamos más acerca de hacer una elección errónea, por lo que probablemente prefiramos mejor no elegir, en cualquier caso.

· · ·

Usted puede usar la técnica de la alternativa forzada cuando negocie para amarrar el éxito. La meta es simplificar la situación de tal forma que elegir sea realmente fácil. Si la decisión es muy difícil de hacer, su CN podría terminar por no decidirse, lo que significa no finalizar el acuerdo.

Algunas negociaciones serán más propensas a generar alternativas forzadas que otras. Si usted está vendiendo maíz en el mercado de un granjero, la pregunta puede ser simplemente «¿le gustaría comprar 6 mazorcas por $3 o 12 mazorcas por $5?». No importa la respuesta, pues estará vendiendo de todas maneras. Ahora, considere otra posible pregunta: «¿le gustaría comprar algo de maíz?». Una respuesta negativa ahora es posible.

Pro incluso las negociaciones más complejas pueden tener alternativas forzadas, siempre y cuando estructure la discusión adecuadamente. Digamos que usted es un contratante negociando el precio de una renovación de cocina con un cliente. Hay una buena cantidad de variables involucradas que necesitan acordarse: el tipo de material utilizado, opciones para las gavetas, colores de la pintura, materiales de los acabados, y demás.

· · ·

Todas estas cosas, decíamos, necesitan acordarse una por una, pero al final usted necesita una pregunta que represente un llamado a la acción para su CN. Para hacer esto, usted puede estructurar el trato para que el detalle final pueda formularse como una pregunta del tipo «esto o lo otro» y no como una de «sí o no».

Así que, en lugar de preguntar «¿le parece bien invertir los $42k presupuestados para remodelar su cocina?», mejor diga «¿le gustaría que la renovación comience el día 15 o al día después de la Navidad?». Cualquiera de esas dos últimas opciones le beneficia a usted, pues implican que el trato ha sido finalizado.

Conclusión

La negociación, como hemos podido ver, no es exclusiva para los grandes magnates o los representantes de firmas importantes o funcionarios del Estado. Todos los días nos encontramos en situaciones que exigen nuestra atención en el trato que damos y que recibimos. Cada conversación que sostenemos, sea al interior de nuestros hogares como en el espacio de trabajo, involucra un cierto grado de negociación. Más que de tomar ventaja de la situación, se trata de velar por nuestro beneficio de tal manera que nuestra contraparte, en buena medida, también se vea beneficiada.

Como cualquier otra práctica que involucre compromiso, las negociaciones deben basarse en varias premisas que signifiquen un trato justo. Una buena negociación, recuérdelo siempre, nunca involucra trampas, cláusulas escondidas o un daño intencional a nuestra contraparte.

Mantener un prestigio y una imagen de buena voluntad es mucho más valioso que cualquier ganancia generada sin miramientos a la moral. Lo más meritorio que tendrá al momento de negociar, sin importar la situación, el contexto o el asunto a tratar, es una honorabilidad conocida. Sea honesto en sus tratos para conservarlos por mucho tiempo.

También es válido retirarse de la negociación cuando el beneficio parece estar fuera de nuestro alcance. Habrá ocasiones en que nuestra contraparte no comprenda o no esté de acuerdo con el rumbo de nuestras ideas. Existirán también tratos que impliquen alejarlo de sus principios morales. Cuando se presenten estas ocasiones, lo mejor que puede hacer es retirarse de la negociación. Respete sus principios, y verá que, en ocasiones, la pérdida es la mejor ganancia.

Hasta aquí, hemos intentado hacer ver que adquirir habilidades para la negociación en la vida cotidiana no sólo es necesario, sino también sencillo y extremadamente benéfico. Ahora que lo sabe, ¿puede pensar en todas las veces en que, de haber conocido la mejor manera de negociar, podría haber obtenido algo mejor? No con esto quiero decir que se culpe por las acciones pasadas. Aprenda de ellas.

Haga de sus próximas negociaciones una mejor oportunidad para crecer su bienestar, todo sin perjudicar el de las demás personas.

Debemos poner en práctica la negociación para conocer mejor a los demás y a nosotros mismos. Si comprende los deseos de su contraparte y contempla sus propias posibilidades, se verá en la situación en que ambas partes no son rivales, sino aliados en un margen común: vivir la mejor vida posible, conociendo los beneficios de la situación actual. Busque siempre espacios para conversar y negociar. Ceda cuando sea necesario y añada valor a su propiedad y, más importante todavía, a su ser individual. Deseo para usted grandes éxitos y muchos nuevos aprendizajes.

CPSIA information can be obtained
at www.ICGtesting.com
Printed in the USA
LVHW050105250321
682337LV00003B/374